普通人的海外求職指南

不必留學，也能讓國際工作主動找上你

謝宗廷 Aaron Hsieh———著

獻給我的嬸婆洪惠美、阿嬤謝曾月和外婆簡翁謝阿香

目錄

第一章

你也想出國工作嗎？

第二章

LIST原則：出國工作的行前檢核表

第三章

融入當地（Localize）：讓自己像個本地人

第四章

跨出國際（Internationlize）：讓自己被世界看見

推薦序
用對方法，海外職涯不再是夢想

何則文

　　在海外工作，是許多人的夢想，在疫情之前，台灣有超過十萬的青年在海外任職；而隨著疫情趨緩，這波浪潮相信也將再次席捲青年求職市場。過去，我們常常對於海外職涯有個刻板印象，要不只能進台灣公司派駐海外，或者有留學經歷，方便落地生根，然而《普通人的海外求職指南》的作者 Aaron 卻突破這樣的框架，在國內僅工作一年後，沒有相關海外背景，成功獲得英國工作，成為英國新創公司的工程師。

　　沒有富爸爸、不是人生勝利組，曾經是程式文盲的他如何突破重重限制，最終達到自己的理想目標呢？Aaron 是怎樣辦到的呢？在這本書中，Aaron 毫無保留地分享。海外工作不是簡單的事情，過去我也曾經派駐過越南、中國大陸跟印度，許多在海外工作的台灣青年，在外舉目無親，看著親朋好友在台灣的各種生活，讓吃晚餐都顯得落寞。

　　然而 Aaron 卻在海外活出燦爛的人生，創辦社群、結交許多當地朋友，成功融入當地。在書中，他告訴我們每當迷茫時，都要試著思考：為何而戰，為什麼想出國？想要得到什麼？這些東西只有出國能得到嗎？少了這些還會想遠赴海外嗎？這些直擊心靈的靈魂拷問，都深刻地觸及了最核心的議題，Aaron 也透過這些書寫與對話，每次都更加確定自己的人生嚮往。

獨創 LIST 法則讓你海外求職無往不利

書中最引人注目的，是 Aaron 根據自己實戰經驗歸納出的 LIST 法則。LIST 法則是 Aaron 歷經創業後深刻感受到，精實創業精神的重要性，也就是先衝一波，你不需要準備到 100 分才跨出第一步，40 分就可以向前邁進，快速地試錯迭代，優化升級。

我們要把自己當成一家公司來經營，職涯就像創業，而產品就是我們自己。你要對國際勞動市場賣出你自己。Aaron 這樣的比喻非常深刻跟精闢，到底為什麼人家不用本國菁英，而要邀請我們呢？**你要學會找到自己的優勢、差異化跟亮點。**

LIST 法則用四個動詞做好說明，分別是 Localize 在地化、Internationalize 國際化、Strengthen 專業強化與 Test 不斷測試。我覺得這個理論模式非常精采，我自己過去在海外工作也是善用這樣的思考法則。

融入當地是致勝關鍵

其中最重要的是要融入當地，這我也有親身經歷。想要了解當地文化，我們常常認為講好英文就可以達到國際職場的門票，但是其實核心關鍵不只是講好英文，更重要的是了解文化、順利融入當地。比如同樣能通英語的歐美國家，美國跟英國、澳洲的文化就差異很大。

我們都說英國人可以說是歐洲的「日本人」了，講話委婉含蓄，英倫紳士的幽默感，有時候連美國人都無法理解。而這樣的跨文化溝通素

養，過去許多人都以為只有在當地有過求學跟成長經歷才更好融入，但Aaron在這本書中跟我們講了許多方法，其中最好的方式就是學習當地口音，讓你感覺像「自己人」。

所以你要先了解當地的產業、風土文化，事先做好調查，明白當地的物價跟薪資水平。最重要的試簽證類型跟申請方法，這些都要再出發乃至於面試前明明白白、妥妥當當。而英文這個基本能力，許多人以為檢定考上高分就證明，事實正好相反。考試高分，只證明你會考試而已。語言最重要的還是實際的應用，所以一定要先練好口說，學會日常對話。

跨出舒適圈走向世界

而跨出國界也是一大核心，就像賣產品，你如果在自家巷口擺攤，自然只有小村子內的鄉民知道你在賣產品。所以首先一定要讓自己進入當地的求職市場中，讓你能被看見。書中Aaron很精闢地為大家分享了LinkedIn撰寫的技巧與祕訣。

我過去在做招募時，也常常使用LinkedIn，目前國際高端白領人才市場中，LinkedIn的確是最主流的平台。所以包裝好LinkedIn，做好關鍵字安排，讓對方有機會搜尋到你，是第一步的功課。所以先了解公司，看公司目前開出的職缺，以及職務說明，再反向地把自己的履歷調整成最佳人選的樣子，是個聰明的方法。

過去我們的履歷常常會寫得落落長，但Aaron實戰經驗告訴你：放棄自傳吧！你只需要一頁的履歷，因為對方也只看一頁而已。你需要以

終為始的思考自己的優勢，同時換位思考從面試官的角度看問題，這樣你就能做出一個漂亮而吸睛的履歷。

再來，我們需要強化專業能力，證明你有相關的能力，不斷地透過side project的方式來增加自己作品集以及實戰能力。最後不斷測自己，看看這樣的能力背景條件，有沒有機會得到面試可能。以銷售漏斗的思維來驚疑自己，盡可能的多面試，更了解產業跟職缺。

透過這四個LIST原則，想要找到海外工作就能易如反掌，只要有策略、有方法地經營自己，每個人都有無限得可能，都能完成自己的夢想。

做好準備，勇敢出擊

這本書是台灣很少見針對海外求職的全方位著作，詳列了各種需要注意的事情跟訣竅方法。除了求職攻略以外，也談到了後疫情時代我們可以怎樣面對跟思考海外求職，對於與家人分別孤單的海外工作生活，又怎樣可以平衡自己內心的矛盾。

從這當中，我們看到的不只是方法工具與理論，更多的是Aaron給我們的人生思考。如同他書中說的，職涯旅程就像創業，我們要把自己當成公司經營，把自己好好賣出去。我相信這本書對於有志走向世界得青年，都絕對會是一個很棒的參考。如果你也有一個海外工作的夢想，還在等什麼，透過這本書，引領你到人生新可能吧！

（本文作者為暢銷作家、台灣青年職涯創新協會祕書長）

好評推薦

作者由本身經驗領悟出來的心法很適合對出國工作有興趣的大家。在變化萬千的國際職涯裡，隨時保持選擇彈性，分析狀況利弊、嘗試並修正方向的作法能適用在任何就業市場，而這本書可以給想踏出國際職涯第一步的大家，一個紮實、低風險的準備。

——WIJ日本職活共同創辦人／Mark Chih

冒險的人，要學會隨遇而安。

人不會因為原本在學校的主修科系是什麼，就注定只能做一件事情。也不會因為自己是怎樣的個性、視野，就一定不適合什麼樣的環境。相反地，不同人在不同的時空條件下，會有不同的價值。而對每個人來說，在這個世界上，總會有一個能發揮你最大價值的舞台。這就是Meet.jobs的信念。

多年前有幸認識Aaron，並且在多次的合作與活動中同台。對我來說，並非本科系畢業，也沒有在海外留學經驗的Aaron，能夠開拓出一條與他人完全不同的道路，他的故事激勵了我的創業，也希望能夠激勵更多人，追尋自己的夢想！

——Meet.jobs跨境求職網站創辦人／林昶聿

近幾年來，「海外職涯」逐漸成為青年人才的進路選項之一；然而，這條路往往不容易「踏出去」。《普通人的海外求職指南》作者以

自身經驗出發，系統性地歸納出可以被實踐的方法（LIST原則）；突破成功故事和雞湯文的層次，帶來具有可複製且通用的觀念心法與工具，這是本書最有價值和創新之處。

做為曾經也是名因沒有背景和資源而徬徨的年輕人，這是一本自己當年無比需要和希望能擁有的書。我相信這本職涯攻略也將成為一座來自未來的燈塔，指引讀者們面對挑戰和冒險，給你們前進的自信與動力，繼續勇敢追夢。

—— 美國 NEX Foundation 董事長／陳浩維

哈利波特的作者J.K.羅琳曾經說過一句話：「決定最終成功的，不是一個人的『能力』，而是他的『選擇』。」而這句話幾乎可以用來做為作者撰寫的這本新書的最佳註腳。

在疫情發生之前，其實在台灣早已經吹起了一波波往國外求職找工作的風潮。因為主觀上，台灣年輕人的語言能力以及跨國工作的能力持續不斷地強大中。客觀上，年輕人想要透過側身於更大的就業市場，從而有效地提升自己的工作價值與收入，已經是一個非常普及的共同期待。

所以在疫情之前，其實已經有不少關於協助年輕人出國工作的指導書。而這一本新書跟以前的書有什麼不同呢？在拜讀之後，我提供下列三點給讀者們參考：

1. 作者真的沒有在國外長住過（連交換學生的經歷也沒有，只有旅行的經驗），而他在經歷與克服各種困難之後真的做到了出國工作的夢想。

2.作者以一種不唱高調、非常具有操作性和細節性的論述方式，來剖析出國工作所需要面對的重重挑戰。

3.作者用一個公式來拆解「國際職涯競爭力」＝本業技能×（心態＋溝通＋行動），並歸納出 LIST 原則，幫助讀者形塑一個全面有效的行動計畫框架。

在簡述完特點之後，最後我想說一下「跨界」：跨界可以是一種區域上的、一種知識上的、一種心靈上的，但我認為更重要是一種綜合性的全人的跨界，而這種跨界就是職涯的跨界。你自認只是一個普通人，這無關宏旨，但如果你自認是普通人，就沒有出國工作的機會，那就可惜了，因為這樣你就永遠無法為自己創造機運，讓自己跨出心裡面那條「界線」了！

——人資小週末社群創辦人／盧世安

才看到第二章我就停下來想：要是當年出國有這樣一本書該有多好？出國求職、求學的人從來都不知道下了飛機後會碰到哪些問題，大家就這麼一路跌跌撞撞走過來。現在你可以不必再撞得滿頭包了——作者把一路走來的用心，統統忠實記錄在這本書裡，連矽谷華人工程師們最脆弱的一環，像軟實力的培養和增加能見度，都在這裡找到了答案……這不只是求職，而是永續的海外生存法則。

說這是一本求職指南太委屈它了，這根本是國外生存的百科全書。

——矽谷工程師、《異類矽谷》作者／鱸魚

前言
一個初心者的海外職涯夢

　　想要出國的念頭在我很小的時候就萌芽了，那是一種混雜著想要離家獨立和挑戰自己的心情——我想到三個不同文化的國家看看，各長住個兩、三年，深入理解不同文化的差別，而不只是單純的旅行。

　　那時一心想的都是出國的事，留學就成為一個理所當然的選項，但經費卻是個大問題：如果我要證明自己，大概就只能靠獎學金了吧？於是我把大部分的時間都花在讀書上，在大三寒假就提早進實驗室，目標是做好一個專題，這樣也許就能成為申請留學獎學金的亮點。我很幸運，遇到親切又願意親自帶實驗的老師，學長姊也都很照顧人，但是有件事一直很困擾我：我不喜歡讀論文也不喜歡做實驗。這件事連我自己都感到驚訝，因為我很喜歡閱讀，也不討厭英文，但卻不喜歡讀論文；我也非常樂於在生活中進行一些小實驗，但對於分子生物實驗卻老是提不起勁。於是我很快地意識到：即使是為了出國長住的夢想，也不太可能逼自己念沒有興趣的東西直到博班。那麼我該怎麼出國呢？因為這個契機，才開始探索直接尋找海外工作的方法。

　　畢業入伍後，為了不要讓英文能力退化，我會趁週末放假時，蒐集一些和創業、科技相關的英文網路文章，並把它們印成跟單戰詞、喝水小卡一樣的口袋大小，做為我專屬的「口袋內務」，趁空檔時拿出來讀，在蚊帳裡和自己用英文自言自語。

　　退伍之後，我試過直接尋找外商儲備幹部或其他商科領域的工作，

想先累積一些工作經驗，再申請國外MBA以達成出國工作的目標，但是折騰了半年，我並沒有獲得任何理想的offer。在求職失敗的低潮期，有朋友問我要不要乾脆一起來創業看看，2013年仍是年輕人創業的鼎盛期，既然找不到工作，「那就來試試看吧。」我心想。

我們想做的是一個素人發明家平台，類似當時剛開始起飛的群眾募資平台Kickstarter。不會寫程式的我們，在網路上找到宣稱會寫程式的第三位成員，又從新一代設計展中雇用了一位剛完成畢製的工業設計師，再另外找了幾位仍然在學的朋友幫忙打理社群經營的工作，一個半學生型的新手團隊就這樣組成了。不過網站的開發進度緩慢，而團隊的熱情也逐步耗損，經過半年，我們仍然連個讓發明家上傳點子的地方都沒有。

比求職失敗更大的陰霾開始在我心裡蔓延。「仔細想想，我如果那時候去台積電，這樣來回也差了好幾十萬了吧？」某個傍晚在共同工作空間閒聊的時候，隊友不經意地這麼說。這對於那時的我是個很大的衝擊，因為其實我並沒有任何因應失敗的備案。失敗也罷，不過至少也要在網路上留下一點足跡吧？於是我從Coacademy開始自學，邊學邊協助網站前端的開發工作；與此同時，團隊成員也必須各自兼職當家教來支應生活。走到這一步，我知道自己已經大幅偏離出國這個目標了。那段為了不要失敗得太難看而努力寫程式的日子，伴隨著無數個懊悔與失眠的夜晚：我為什麼要走上一條和自己的目標背道而馳的路呢？

在創業將近一年的時後，團隊正式解散了，而我又回到了原點：我想要出國，但現在不只沒有存款，加上當兵的時間，業界經驗也少了同年齡的人兩三年了，該怎麼辦？橫亙在我面前的只有兩條路：回頭和新

鮮人競爭一般商管職，或者用勉強堪用的程式能力，轉行做工程師。

那時我問了自己一個關鍵問題：假如找商管職和找工程師的職位都一樣困難，哪一條路比較有機會讓我出國呢？於是我拿出一張白紙，在中間畫了一條線，左邊寫著任商管職的優缺點，右邊寫著當工程師的優缺點，用這種最原始的方法評估選擇。也許是當兵以來，對於科技業的關注產生了效果，也許純粹只是後見之明的幸運，我決定成為軟體工程師，而那可能是人生中第一個判斷正確的職涯選擇。

我花了一個多月準備自己的作品集，並利用每一場面試機會了解工程師面試的熱門考題，最後幸運地進入一家美商接案公司的台灣分部。那時心裡還打著如意算盤：既然加入的是美商，一年之後應該有機會外派美國吧？不過事與願違，這個機會一直沒有出現。

但我沒有忘記轉職的初衷。也曾趁著日商來台大舉徵才的時機，去過東京一趟；也曾亂槍打鳥，直接海投一些歐洲的職缺，後來在一個偶然的機會下，我從朋友那裡聽到了英國 YMS 計畫，也就是俗稱的打工度假。和澳洲不同的是，英國能提供兩年無雇主限制的簽證機會，除了年齡之外沒有太多限制條件，只是名額有限需要抽籤，既然沒損失，於是我決定來試試看。

也許是念念不忘，必有迴響——在我申請內部轉調前往美國失敗過後的幾天，收件匣裡出現了中籤的通知。我立刻頭也不回地收起行囊往倫敦去了，在那之前，我從來沒去過英國。歷經了簽證、開戶、找房、求職的兵荒馬亂，最後在感恩節前順利找到正職機會，成功開啟國際職涯。從我下定決心到真正出國工作，前後也過了五年。

說這段故事的理由是想讓大家知道：

1.留學不是出國唯一的路。

2.不是只有超級菁英大神才能出國工作。

3.土生土長的台灣人也有直接挑戰世界的可能。

4.只要懂得做出選擇，並朝著正確的方向努力就行了。

我有時候也會想，如果重來一遍，有沒有什麼事情是我會採取不同作法的呢？這其中有沒有什麼核心是能夠被歸納，甚至可以讓其他人參考的呢？這就是我一開始協助組織「台灣工程師在英國」（TEiUK）這個社團的理由，也是決定動筆撰寫這本書的初衷。

歷經求職失利、創業失敗、轉調不順的挫折，最後幫助我開啟國際職涯的，其實運氣占了其中很大成分。但我在最低谷的時候也沒有放棄出國工作的夢想，在沒有退路的情況下，仍然用心為自己的人生做出選擇，回頭來看，這也許才是最核心的精神。但是是什麼信念，讓我能夠持續進行這些選擇？又是什麼方法，能夠讓我為自己的選擇進行評估，開拓出更多選擇？

在和世界各地不同角落打拚的海外工作者聊過之後，我開始相信，雖然故事的細節人人不同，但是成功的作法是具有普遍性的一如賈伯斯2005年在史丹佛大學著名的畢業演講所提到的：你很難事先串連起人生的重點，只有在回顧時才能領悟其中的連結，所以你必須相信，你現在的努力和選擇都會連結在一起。

很多事情並不能如計畫般的完美，通往成功的探索也常常不是直線，但是只要大方向明確的話，就能時時提醒自己不要偏移，剩下的，就是方法和執行力了。現在我想將這個方法轉交給你，只要能夠堅持下

去，就能按圖索驥，達成出國工作的夢想，寫一段屬於你的故事。我也是花了五年的時間，繞了很長的一段路，才順利實現最初的夢想的。如果我能做到，相信你也可以。

為什麼我們還需要另一本職場攻略？

這本書的定位，是你準備出國工作的第一本入門書。我很早就有出國工作的念頭，因此翻閱過很多自我成長的書，也常在網路上參考不同前輩的分享文。但是讀的資料越多，就越發現到幾個關鍵問題：

1.**雞湯文居多**：很多關於職涯規畫的指導，常流於單純的故事分享和心靈探索，尤其以超菁英級的特例或高階主管的回顧為大宗。這些文章有其啓發性，卻無法直接幫助讀者解決眼前的問題：我是一個普通人，該如何起步？

2.**單一職場為主**：台灣作者常聚焦在探討台灣職場文化，國外譯本則常常直接使用國外的視角去解構一些特定議題。部落格的分享文比較即時且實用，但是常常過於個人化而使得資訊較為零碎。市面上並沒有太多從「在地視角」探討「跨國職涯」的書，尤其是「跨越多國」的分析。

3.**本來就有海外經驗**：很多關於國際職涯的經驗分享都是下列三者之一：有海外身分、在海外長大、有留學經驗。以本土學歷及本土工作經驗跨足海外的分享相對稀缺。

這本書就是想要嘗試解決這三個問題，讓普通人也能獲得開啓國際

職涯的工具。但請注意這並不是一條成功的捷徑，要能夠靈活使用這些工具，仍需堅持不懈的努力，這當中需要花費的時間和力氣，可能比留在原本的途徑上還要多。不過如果你已經準備好啓程了，請相信我，開啓海外職涯並不是一個不可能的任務——只要你用對方法。

這本書是寫給誰看的？

這本書希望是給普通人看的，也就是你我身邊大多數的人——那些準備留學或出國工作的學生及職場新鮮人，或者沒有留學或國外成長背景，但想開展海外職涯的上班族。從我過去六年開分享會和輔導身邊朋友的案例，驗證了本書提及的方法論是可以被複製的，而不僅是單一個案的倖存者偏誤而已。我相信本書提到的工具是適用於大部分的人。

是不是會有年齡的限制呢？我必須承認，對於 20～35 歲的人，本書提供的方法會相對有效。實際影響的因素包含不同國家對於年齡的簽證積分限制、不同產業對於年齡的歧視問題，還有不同年齡對於生活重心的轉移等等。這些是屬於客觀環境上的現實問題，但絕不意味只要老了，做什麼事就是不可能的了，端看你願意爲了開啓國際職涯交換什麼，還有那樣的生活是不是你眞心想要的。這些也都是我會在本書分享的。

這又只是本對工程師有用的書？

不是。這裡提到的方法大多是跨職業通用的，請不要因爲作者現職仍是工程師就直接闔上書本了。

很多知識體系的本質概念都是相通的，跨領域也仍有參考價值。我想，所有工程師走到最後都會同意：**這個世界上不存在萬用的最佳解，有的都是取捨**。這在專案管理的思維裡也是相通的：**你總是只能在「品質、時間、成本」之中選擇兩個**。這意味著我有兩種選擇：寫得更廣泛一點，盡量包含更多的職業概念；或寫得更精細一點，讓情況和我類似的朋友能夠直接複製沿用，本書試圖在這兩者之間取得平衡，換句話說，是在心靈雞湯和手把手帶你的懶人包之間，劃出一個範圍，讓讀者不至於只看到在其它分享中，一再重複的陳腔濫調，也不至於因為職業類別不同就汲取不到價值。

舉例來說，LinkedIn 經營、職務分析和求職儀表板等內容，都是任何職業在國際職場中會遇見的問題。如果你不是工程師，正好可以透過本書，理解工程師拆解事物的方法，並沿用其中適合你的部分。

軟體工程師是現在相對容易找到國際職缺的職業，這點無可否認，但絕不表示只要是工程師就很容易，或者只要不是工程師就不可能，關鍵仍然是找到正確的施力點，本書想要凸顯的就是這些多數人可能會忽略的施力點。

這又是人生勝利組的勵志書？

不是。我想要破除的就是人生勝利組的迷思，在金融圈、知名外商的世界，你可能很常看到光鮮亮麗的分享，但在覺得作者很優秀之餘，卻同時感到麻痺。做為生科學士畢業、沒有留學經驗轉行工程師，和資工系畢業、留美名校碩士比起來，我在業界起步的資歷其實異常普通。

也因為這樣，我很能理解純菁英型的分享對於大多數人的參考價值並不高，也許可以當成有為者亦若是的楷模，卻很難讓那個故事和自己產生連結，這本書就是希望能夠帶動常態分布曲線中段的人，讓普通人也能找到國際舞台。

我們身處的時代，是各種技術層面又逐漸重回世界中心的時代，**這代表著只要選對戰場，就有機會克服家世、學歷，甚至過去經驗的劣勢，走出自己的路**。你真的可以相信自己是有機會的，只要清楚知道目標，用有效的方法，努力去實踐。

這邊想做個自我揭露：我是台大畢業的學士。可能對很多人來說，台大畢業就已經是人生勝利組。但是開始工作之後你會發現，很多產業看重的是碩士學歷而不是大學校名，在國際職場上，台大甚至不是外國人能夠直覺判斷的學歷。換句話說，在國際職涯上，從台灣職場起步的大家都是相似的，也都是有機會的。重點不在你是不是現在時空背景下的勝利組，而是能不能運用現有的資源，走出一條符合自己優勢的道路。

故事說完了，那麼讓我們開始吧！

1

你也想出國工作嗎？

　　不論出國留學還是工作，只有先問為什麼，你才能在最痛苦的谷底繼續走下去。

　　對於未知的事物感到恐懼是人的天性，而我希望做到的就是提供一張地圖給你，減少對未知的恐懼，勇敢地踏出第一步。

1.起心動念： 你為什麼想要出國工作？

TO DO
☑ 你想要透過出國工作得到什麼？
☑ 這些東西只有透過出國工作才能得到嗎？
☑ 如果沒有了這些，你還想出國工作嗎？

離開和留下沒有優劣，都只是選擇

出國工作就像離家獨立。你還記得自己第一次長期離家時的回憶嗎？有的人是到外縣市讀大學、有的人是當兵到了很遠的營區、有的人則是出國當交換學生。那是一種混雜著自由、探險和一點刺激感的悸動，有時候「離開」就是目的本身。出社會一陣子之後，很多人心中又會再次漾起這種離開的渴望，只是這時候的限制條件更多了，你可能有了穩定的工作，不確定自己是不是真的想脫離現在的舒適圈；你可能有了生活的責任，不確定家人能不能承擔失去來自你的經濟來源；你可能已經有了明確的升遷道路，不太確定離開之後是不是真的更好。

嘉玲是一個很好的例子。她年輕的時候就有出國工作的夢，除了薪水，她更在意的是國際經驗。畢業之後加入一間台商公司，說不羨慕同期直接加入外商的朋友是騙人的，她想像的畫面裡，朋友們已經比她早一步擁有這些國際經驗，可以說是半隻腳站在海外工作了。三五年之後，她也出國旅行和出差過幾趟，這才開始感覺到自己所追求的國際經

驗更多的是關於職涯發展：她希望自己能領導一個跨國團隊，並且和多元背景的人有共事經驗，在職涯上取得更大的舞台。某一次同學聚會的場合，她才知道在外商工作的同學一直很羨慕嘉玲已經能夠主導專案、在東南亞社群建立起業界的聲譽，而同學除了偶爾和國外上司用英文匯報，大部分工作上的同事和對口的廠商，其實都還是相似背景的本國人。若純論薪水，嘉玲的稅後薪資已經足夠在台北過上相當有餘裕的生活，雖然嘉玲仍留在台灣，可是她的視野從不只局限於台灣。

士豪則是另一個例子。在美國工作了五年之後，他在2021年選擇回到台灣。美國的薪水仍然比台灣新工作高，但是在疫情之際，他不能再像之前一樣定期返台與家人相聚，長期獨自一人在異鄉遠距辦公一年，他重新問自己：在這個人生階段，最重要的事情是什麼？第二波疫情再起之後，答案變得越來越明確——他是個需要常常和家人相處、和朋友閒聊的人。

壓倒駱駝的最後一根稻草是某一場對話，他接受朋友的建議，開始進行心理諮商，才知道自己心理已經開始出現狀況了，問題在於從一開始他對海外工作的嚮往其實也是能夠交到不同背景的朋友，但是這五年來，他發現自己的朋友圈因為語言和文化背景的緣故，仍然非常局限，朋友都是華人不說，實際上認識的人，連職業和產業都一模一樣。於是士豪決定返台，而他在台灣工作的這一年，幾乎是他開始工作以來最快樂的一年。

出國工作的第一步，就是取捨。你得思考的不只是離開的優點，還有更多離開的缺點，**當你能夠堅定地回答「為什麼想要出國工作」這個問題時，才真正開始走上「出國工作」這條路。這條路有時充滿歡**

笑，有時異常孤獨，你不必頭也不回地離開，但不管選擇闖蕩還是回頭，都要能夠先把心態和目標確定下來。事實上，在全球疫情肆虐的這兩年間，越來越多人選擇「留在台灣」或者「返回台灣」工作。根據主計處的資料，2020 年台灣人赴海外工作的人數為 50.1 萬人，較 2019 年的 73.9 萬人，大減 23.8 萬人，不只是 2009 年開辦調查以來的最低點，也是近五年來首次人數下降❶。

回想上述的兩個故事，不妨再問自己一次：**你為什麼想要出國工作？**

出國工作到底哪裡好？

工作不是人生唯一的意義，如果單純為了找到工作而削足適履，強迫自己處在沒有目標的痛苦漩渦之中，反而失去出國工作的意義了。你的目標不一定是要和工作有直接相關，但一定要能清楚地告訴自己想要實現的目標究竟是什麼。如果問起一般人想要前往海外工作的動機，大概可以歸類為以下四項：

1.追求更高的收入

每個工作的薪資常常取決於兩個要素：這個公司賺不賺錢、公司所在地的人才供需是否平衡。台灣產業的強項目前還是在科技製造業，這些上市公司都有賺錢，也持續對人才有大量需求，這也是為什麼新竹市家戶平均收入比台北市還要高的原因❷。但對於其他產業，比方說純軟體業和顧問業，國外的產業聚落常常能提供更高的薪資，這也是很多人決定出國工作的主要原因。

2.追求更好的成長機會

企業總部或核心市場所在地常常能提供人才更大的舞台，因為有機會接觸到核心或規模更大的專案，這些是小型區域市場比較難望其項背的。而大的舞台就會吸引更多來自世界各地的一流人才聚集，激盪出創新的產業知識和方法論，進一步為前來挑戰的人才職涯加值。台灣在市場規模和產業類型的先天限制，常常會讓職涯中段的專業人士或基層主管「卡住了」，缺乏晉升機會，進而失去承接挑戰和成長的機會，這是另一個讓人決定出國工作的重大推力。

3.追求更好的生活品質

住過國外就會發現台灣其實是個方便又安全的宜居之地，做為退休的選擇，生活品質相對來說是很好的。但如果同步考量工作和生活的平衡，就多了很多讓人決定出國的理由。許多人是為了更合理的工時和更完善的休假制度而出國的，也有人是為了孩子的教育品質而出國，有的人則是嚮往綠地和較方便的旅行機會。

4.對於特定文化的愛

有的人把出國當成是拓展文化體驗的途徑，不管是想要認識更多元種族文化的朋友，或是嚮往動漫、K-pop、NBA等特定流行文化，又或者單純對於法式情懷、戶外活動等特定生活型態的喜愛，這些都是族群組成和生活同質性較高的台灣無法提供的。決定因為另一半而為愛走天涯的也算在這一類。

留在台灣絕對不好？

　　然而隨著全球疫情的發展，許多人也重新開始檢核這四個維度，實際上留在台灣未嘗不是個好的選擇。舉例來說：

1. **稅後薪資**：疫情期間除了內需產業的擴大，和出口相關的產業也有爆炸性的營收成長。從分紅到本俸，非常多科技業相關的職務都陸續開始調薪計畫，跨國大公司加碼進駐台灣，也漸漸開始拉高了人才的薪資水準，如果考慮稅後所得和實質購買力，台灣部分產業的薪資已經超越日本和歐洲能夠提供的水準。

2. **成長機會**：隨著海外市場的擴大，科技業和傳統產業也同時有越來越多的國際職涯機會提供給願意外派或領導跨國專案的人才。這類工作的合作對口分布在東南亞、東歐和中南美洲地區，能夠提供的舞台比起直接出國工作的人並不遜色。對於足夠資深的高階人員，台資企業因為總部就在台灣，加上同樣文化背景的優勢，有時也有機會爭取到總監以上的職務，避免國際職場上隱形的竹子天花板❸。

3. **生活品質**：承平時期普通人比較意識不到的生活品質，包含治安、醫療效率、公共價值觀差異等等，在疫情期間被大幅度地凸顯出來。留在台灣工作仍有一些生活上的壓力，但它更像是一種生活型態的取捨，而不再只是單方面的劣勢。

　　那麼對你來說呢？你為什麼想要出國工作？你最重視的又是哪個部分？套用知名作家賽門・西奈克在《先問，為什麼？》提到的黃金圈理

論，你必須先從為什麼開始，再去思考怎麼做和如何做。因為「人們會跟隨的不是你做的事情，而是你做這件事背後的理由。」❹。你的夢想也是一樣，長期而言，你很難說服自己為做而做，一定要有一個理由，才能說服自己在困境之中持續做下去。如果單純是為了薪水，可能就比較願意妥協於不喜歡的文化；如果是為了更好的生活品質，可能就願意接受比較平緩的職涯成長曲線和薪資。這點對於每個人都是不一樣的，對於同一個人的不同職涯階段也不一樣。最好的選項也許可以同時達成一開始說的那四個動機，但如果無法同時滿足，把目標拆分成兩到三個階段逐步實踐也未嘗不可。

檢視自己理想生活的目標

你必須要不斷傾聽內心的聲音，究竟自己想要出國工作的初衷為何，又願意為了這件事犧牲什麼。要做到這件事沒有捷徑，需要定期花一段時間和自己對話，聲音才會隱隱浮現。不妨從下面這三個簡單的問題開始，每半年問自己一次：

1.你想要透過出國工作得到什麼？
2.這些東西只有透過出國工作才能得到嗎？
3.如果沒有了這些，你還想出國工作嗎？

當聲音開始萌芽之後，就把握機會手寫下來吧，這將會成為每次你想要放棄的時候的專屬符咒。寫下來不只是一個儀式，也是一個你對自己的承諾。很多自我成長的書籍和勵志故事的主角，都曾分享過這種目

標設定的小技巧。你可以把這本書當成一個起點，現在就寫下自己的理由，困惑的時候再回頭來尋找自己的初衷。

關於職涯和生活重心的思考，我非常推薦由史丹佛大學教授比爾‧柏內特和戴夫‧埃文斯所寫的《做自己的生命設計師》。書中提供了很多實用的工具，讓你從人生觀和工作觀開始，透過記錄每天生活的簡易日誌，檢視自己理想生活的目標是什麼。書中許多自我探索的工具也都可以直接在同名的官方網站上下載使用❺。當你找到了人生的為什麼，也許會發現美好生活並不需要出國工作，出國工作也有可能只是最終目標的一個手段，那都很好，只要那是你經過思考之後，自己選擇的就好了。

另一個很多人常問的問題：我適合到國外工作嗎？這個問題同樣只有你可以回答自己。我們也可以列一張清單，告訴你只有滿足這十個條件的人才適合出國工作，但是，難道只因為別人告訴你不適合，你就會放棄自己的夢想嗎？對於未知的事物感到恐懼是人的天性，而我希望做到的就是提供一張地圖給你，減少對未知的恐懼，勇敢地踏出第一步。因為這只是一張地圖，實際的旅程還是要由你自己實現，但是如果你能夠循序漸進地按照本書的軌跡堅定走下去，就能在這場旅途中享受屬於自己的風景，不至於陷入越級打怪、直接 Game Over 的風險，也不會只留在舒適圈裡原地踏步，永遠踏不出新手村。

你不需要很厲害才開始，你需要開始才能很厲害。

為什麼我想要出國工作？

我當初想要出國工作的動機，其實只是單純想要在兩、三個不同的

文化圈都能住上兩、三年，讓我增加生命經驗的厚度，最後實現當個作家的夢。有了這個目標之後，出國工作成了我的最佳解答，因為沒有足夠的資金可以讓我不事生產六年，但是如果能在不同國家工作的話，就可以支應在不同地區的生活了。因此下一個問題就變成是：什麼樣的職業可以讓我在不同國家工作？其實在工程師之外，我也做過其他探索，包含進入學界當博士做研究、管理顧問、創業、國際業務、商管行銷再出國念MBA等等。最後我的結論是：軟體業的技能是最能夠跨國通用的。對於當時的我來說，也是最有機會做到的，所以我選擇成為軟體工程師。

第一次前往英國的手寫目標。

在出國之前，我也曾把自己想要達成的目標寫下來，每次當我開始困惑自己持續留在海外工作的理由時，都會把筆記再翻出來看一看。多

年之後雖然並不是每個目標都有成功實現，我仍很幸運地達成了在不同文化圈生活的目標。

這是我的故事，希望能夠對你也有些啓發。不過千萬不要把當軟體工程師當成唯一解，你才是自己生命的主人，練習開始做選擇，才是出國工作最重要的事。

在接下來的章節中，我們還會看到其他人的故事，他們在出國工作的過程裡也有取捨，也許做自己喜歡的工作，也許只把工作當成生活的一環，唯一相同的是：**那都是根據自己的信念，有意識的選擇**。這邊引用一段出自《做自己的生命設計師》的話：「**生命設計的重點是給自己選項，而這個設計多重人生的練習，可以引導各位找出接下來潛在的人生。不需要把自己這輩子剩下的人生統統設計好，只要設計好下一個階段就可以了。**」

堅定信念、保持持續調整的彈性，接著就勇敢前進吧！心態建立之後，有沒有什麼方法是比較容易提升出國工作的成功率呢？大部分的人最直覺的想法，就是準備留學。但是你知道嗎？留學其實只是出國工作的其中一個方法，而不是唯一方法，對於某些人來說，甚至不是最好的方法。針對已經有產業經驗的人，有時候直接走進國際職場反而更有優勢。在建立出國工作檢核表之前，就讓我們先從常見的留學思維陷阱開始吧！

2.留學轉職：
常見的留學思維陷阱

TO DO

☑ 你有考慮留學嗎？

☑ 你為什麼想要留學？

☑ 試著計算你的留學總成本（學費＋生活費＋離職機會成本）

很多人都直覺地認為：留學是出國工作的必要條件。但是對於更多人來說，留學需要投入的資金和時間都是種奢侈品。我寫這本書的焦點也是希望能提供一種新的思維和方法，幫助想要出國工作的人都能踏上這趟旅程——不論你是否有留學經驗。

為什麼想留學？

我觀察到很多人裹足不前的原因，恰巧就是因為留學這個門檻。對於已經有正職工作的人來說，留學常常意味著三件事：需要先籌備一大筆留學資金、暫時中斷自己的職涯、花費大量的下班時間準備和自己專業未必相關的各項考試。然而事實是，並不是每個人都有足夠的資源克服這些障礙，有的人可能在台灣的求學過程中，已經對教育失去信心，有的可能因為長期的加班，導致下班能夠用在自主學習的時間非常有限，也有的人因為經濟壓力，無力負擔高昂的學費。這也是為什麼留學最大宗的三個族群常常是：家境優渥的孩子、在職場中受傷想要轉換環

境的上班族、大學期間直接申請海外碩士的學生。

而留學思維的另一面，則是誤以為只要順利申請到海外名校，要開啓國際職涯就是水到渠成的事。於是很多人把留學生活的重心放在課堂作業本身和海外旅遊上，直到即將畢業了，才意識到自己其實也和眾多的國際畢業生擠在同樣的池子裡，找不到當地工作。當地人沒有簽證問題還能留在當地繼續尋覓，身為國際生就只能面臨返國就業的窘境。但在僧多粥少的國內職場中，洋墨水的價值並不能有效地轉換成更高的薪資，於是遺留在海歸派面前的，就只剩下永遠無法損益兩平的留學貸款。

事實上名校學歷從來就不是能夠出國工作的保證，有時候留學所附帶的當地延長簽證，如美國的 OPT 和英國的 PSW 還比學歷本身更有價值，而這個機會如果在留學畢業當下沒有把握住，就會永遠失去了❻。

正因為留學是最主流、正規的方法，我覺得有必要在進到主題之前，提一些我在海外看到的許多留學現象，不管你是不是正走在留學的路上，都可以重新思考看看：你為什麼想要留學？

留學陷阱一：我想在留學的過程中探索自己

有的人會把留學當成探索本身：因為現在人生階段卡住了，不確定下一步是什麼，就想透過留學探索。這麼做不是不可行，但是需要投入的代價可能遠比你想像的高出許多。如果說出國工作是一個取得報酬的活動，出國留學其實更像是一筆巨額投資，你當然希望透過這筆投資得到收益，但是說到投資，就不能不提到投入的成本和潛在的風險。對於

很多人來說，歐美頂尖大學的鉅額學費和生活費，以及一到兩年無法工作的機會成本，可能相當於台幣五百萬到上千萬的初始投入成本❼。如果出發了才開始探索，就必須同時承擔「找不到任何興趣和專長」的風險。

也正因為這樣，開始準備留學的人都會知道，除了在校成績（GPA）、英文成績及能力證明（TOEFL/IELTS；GMAT/GRE）、個人履歷和推薦函之外，讀書計畫（Statement of Purpose, SOP），常常扮演關鍵性的角色。

SOP直譯的意思應該是「目的聲明」，「讀書計畫」其實是一個很差的翻譯，因為它把留學焦點放在「讀書」這個留學的單一活動上，而不是「目的」——這個留學的本質問題。很多人確實沿用了在台灣求學時的讀書思維出國留學，結果得到的常常是血本無歸或學非所用的結果。如果我們直接沿用SOP最常見的幾個問題，不妨在決定留學之前先問問自己：

1.興趣：你想要透過留學學到什麼？

2.動機：你為什麼選這個領域、這間學校、這個國家？

3.職涯計畫：留學之後的下一步是什麼？

這個框架看似老生常談，但其實非常重要，因為這暗示了兩個留學最重要的關鍵問題：你為什麼選擇留學這條路？你有留學之後的下一個計畫嗎？很多時候，這甚至比留學修課本身還要重要。

貝拉是很好的例子。在出國留學之前，她本來在醫院有個穩定的工作。她的工作表現很優秀，和同事也都相處融洽，但是每天在藥庫重複

的日常實在讓她提不起勁，但是要她離職做其他工作，心裡也沒有什麼特別想做的事。這時大學的朋友突然提起自己打算去英國留學，她雖然並不特別想念什麼科系，但是直覺告訴她，去英國會是一個擺脫現狀很好的方式，於是不假思索地就一起申請了聲譽不錯的商校出發了。歐洲的生活很愜意，她在半年的時間走過了德、法、西、葡等十多個城市，也認識了不少世界各地的朋友，但隨著畢業的日子只剩下兩個月，她也開始面對抉擇：畢業後到底要不要留下來工作？她是在這個瞬間才意識到，如果想要維持同樣的生活型態，就必須要想辦法在英國找到工作，但是時間已經不站在她這邊了！實習的機會已經流失，而當時的英國簽證對畢業生來說並不友善，畢業後只有一個月的時間可以來找願意提供工作簽證的雇主，眼看一切就要回到原點。好在她夠幸運，在最後一刻抽中了英國打工度假簽證，最後在零售業找到了工作，半年後因為表現優異順利進入總部轉為正職。

貝拉其實也是個特別幸運的例子，因為碰巧朋友當初選擇留學的地方是英國，有打工度假這個選項可以讓她在最後一刻延續簽證，而倫敦每年三千萬觀光客的背景，也給她足夠多的工作機會可以入門。

把場景拉到其他選擇前往法國和西班牙留學的朋友，情況就沒這麼順利了，在本地年輕人失業率高達20%的狀況下，非母語又非技術型的國際畢業生常常很難在當地找到入門的職缺，如果沒有提前規畫，常常只能黯然離開。在全球疫情肆虐的這幾年，情況又更為嚴峻。類似的故事，在歐洲生活的幾年，我還聽過許多。

所以請再問自己一次：**你在留學之後的下一步是什麼？**

留學陷阱二：我想透過留學來轉職

對於有工作經驗的人來說，留學的目標可能更帶有目的性：我想要藉由學習新的技能來轉換國際職涯跑道。這是一條合理的路線，但同時也是一條風險比想像中高的路線，因爲這意味著你同時要進行兩個跨越：**職種跨域和地區跨越。**

一般來說，我們會希望透過留學達成四種可能的改變：職級、職種、產業、地區。

有的人留學只是單純希望透過國際名校學歷來鍍金，提升自己在現有工作的升遷機會，有的人留學則是想要徹底轉行，比方說從工程師轉行成金融專家，又或者只是要轉換產業，比方說從快銷品產業的行銷跳到科技業的行銷。也有的人則是希望換個國家，透過留學熟悉環境和學習當地語言。

如果只是其中一項的跨越，可能還算成功率高的事情。只要把出國留學代換成考研究所或者國內進修，你就能夠理解，這個時候大家關注的焦點比較會是「怎麼成功申請上學校」這件事，而不太擔心畢業之後的事。但是如果要同時進行兩到三個跨越，比方說從台灣公關業的行銷，想要跳到美國金融業的精算師，成功率就會大幅降低了。你要思考的除了「怎麼成功申請上海外學校」，也應該要在申請學校前就同步思考「畢業後怎麼找工作的問題」。

傳統上同時進行多個跨越的可能性，就是 MBA 學位的賣點。但是簽證限制也是讓很多人無法成功留外，鍛羽而歸的理由。以美國爲例，如果你讀的是理工科學類的 STEM program，畢業後可以留在美國工作

的學生延簽時間可以達到33個月，而商科學生則只有12個月❽，對於求職而言是個很大的硬傷，必須和全世界最頂尖的人競爭勝出才有機會。

相較之下，單純的專科碩士，不管是金融、會計、資工等附帶簽證或證照優勢的學位會更容易達成轉職的目標。很多人誤以為只要拿到這些領域的畢業證書，就等於取得轉職的門票。但事實並非如此，畢業之後，另一個挑戰則會接踵而至。因為你是在該職種沒有任何工作經驗的人，不管你之前的工作經驗有多長，都有很高的機率會被當成「新鮮人（new grads）來看待。

這意味著你要競爭的對象，會是該國當年畢業生的總和，而你的履歷和其他同期生並不會有太多亮點，只能全靠學校聲譽、在校成績、額外專案或作品集硬碰硬；如果一開始就沒申請到好學校，又或者沒有投入足夠的時間在重要的課外領導專案或者專業作品，在履歷這一關就會被刷掉了，投了數百封履歷卻完全沒有拿到面試的大有人在。而真正進入面試關之後，還將面臨僧多粥少的挑戰：因為願意為零經驗的人提供工作簽證的公司多為國際大廠，而這些大廠每年提供的名額是有限的。實際面試的難度常比有經驗的面試者高，很多正是因為名額限制的供需問題。

你可能聽過很多成功的勵志故事，主角為了留在國外工作，每天挑燈夜戰，放棄所有社交生活和旅遊行程；又或者每天晚上不斷參加社交場合尋找機會，早上仍要持續花兩倍時間鑽研課業，以克服非母語的學習落差。這些都是真實的故事，而故事的主角不只是你身邊的同胞，還包括來自全世界的優秀學生。

再問自己一次：你準備好加倍努力面對來自全世界的競爭了嗎？你

願意放棄現在累積的工作經驗嗎？

留學陷阱三：我想透過留學找到海外工作的機會

　　比較有意識的人也理解出國工作很大的限制條件在於簽證，於是願意採取「買簽證」的作法：出國重新修一個和自己專長相近的碩士學位，留學單純只為了取得該國學生簽證轉換工作簽證的優勢，或者透過這段時間，學習當地語言並累積在地生活經驗和人脈。相對於同時想要轉職和換地區的作法，這的確是一個成功率較高的選擇。不過仍然有兩個小陷阱需要注意：

1. **簽證轉換**：並不是每個國家都有畢業後的就業簽證轉換政策。舉例來說，英國在2012年取消了傳統的學成簽證（Post-Study Work, PSW），直到2021年才恢復政策。在這段期間畢業的國際學生，實際上只有三個月的時間去找到願意直接提供工作簽證的雇主。簽證資訊每年都會有變化，而許多網路上的留學資訊也以美國留學政策為主，這是在決定留學和出國工作的地點時必須要時時注意的。

   另一個要注意的是「學用相符」的問題，有的人誤以為只要獲得學生資格，念什麼學位都沒關係。以美國H1-B為例，近年來對於畢業申請職位和所學科系不同的狀況開始加強審核，而德國的工作簽證也會要求雇主提供應徵者學習背景和職缺之間的相關性證明，除了選校，在選系之前也要做點功課。

2. **在地人脈**：在歐美的求學系統中，學士畢業後直接攻讀碩士學位

的情況並不是常態，這和台灣「碩士滿街跑」的情況有很大的不同。很多在地人念完大學之後，就直接進入職場就業了，比較傳統的在地雇主重視的也是大學念哪間學校的「血統」，這意味著如果你是出國攻讀一到兩年的碩士班，班上會有絕大多數的學生也是來自世界各地的國際生，而不是在地學生，這一點可以在選校時，特別去查詢國際學生比得知。國際學生比和學校排名及教學品質沒有必然關係，但這會很大程度影響你的求學體驗和交友圈。

除了在地朋友不容易遇到，國際學生則和你一樣，也必須承受畢業後簽證的不確定性，這意味著你在學期間交到的朋友，也和你一樣可能因為文化差異或簽證問題，必須在畢業之後返國，這種朋友每年換一輪的唏噓感，在紐約、倫敦等國際大都會區尤其明顯，這可能就和你原本想要獲得的在地經驗與在地人脈相左了。

3.**經歷貶值**：如果你在畢業前夕直接走校園招募的管道，有很大的機會會直接被放進前面提到的無經驗人才池子裡。除了競爭激烈之外，也會影響你一開始加入公司的職級，直接左右錄取後能夠獲得的舞台和薪資。原本想要透過出國留學來提升升遷的機會，結果反而可能被降級處理，這也是要特別小心的。有工作經驗的人，除了校招，其實也可以直接請學長姐幫忙內部推薦或走常規的招募管道，把自己定位在有經驗的專業工作者。

經歷貶值的問題和留學沒有必然關係，是因為工作經驗並不像金錢通貨一樣容易跨境轉換。有的產業或公司傳統上就只認可本國的經歷做為工作經驗，畢竟要對全世界的經驗進行盡職查核並不容易，背景調查只能看出你是否真的有在某間公司工作過，很難

看出經歷有沒有灌水的成分。一般來說，偏向技術型的工作比較通用，也比較能夠讓年資帶著走，如工程師、設計師、商業分析師等。而偏向人際型的工作，很容易因爲在地人脈、文化、法規等限制，每次跨界都有經歷貶值的風險，如社群行銷、本地業務等。

留學只是一個方法，重要的是你想出國達成的目標是什麼

講了這麼多留學思維的陷阱，難道留學眞的不是一個值得的投資嗎？不是的，但是只有當你開始問自己「爲什麼要留學」這個問題之後，才眞正開始走上準備留學的道路。因爲你將同時意識到，留學潛在的收益、成本和風險。這和你單純在台灣報考不同學校的研究所，有著根本性的差異，時間、金錢和心理上的壓力都將會是一個全新的維度。

從大學到國外工作的這十多年，我看過很多嚮往留學生活的人，也看過很多留學之後感到後悔的人。有的人維持著學生時代以來考試讀書的線性思維，申請了國外的博士班之後，卡在自己沒有興趣的領域裡畢不了業也回不了頭。有的人希望透過留學鍍金，畢業之後才發現亞洲職場並不一定特別尊重國際名校的聲譽，嗆一句「你留英啊！」核發的薪水和在地碩士並沒有太大差異。有的人背著沉重的留學貸款，多年之後仍然達不到損益平衡點，有的人只爲了獲得留在國外的簽證，只能忍受無良公司的壓榨。

出國留學終究只是一個方法，重要的還是：**你想透過留學達成什麼目標？**

有的人很早就確定自己的興趣志向，想要在學術領域爲全人類做出

貢獻，和全世界各領域最頂尖的人切磋學習，這的確是有大師坐鎮的世界級大學才能成就的。

有的人已經下定決心接受上述的挑戰，也確定夢想公司的招募管道只會透過目標名校取得❾，評估之後認為留學才是達成目標的穩健方法，這也是非常合理的。

有的人並不以出國工作為目標，他們在台灣已有穩健的事業和升遷管道，但仍想透過留學去看看世界，一面取得學位，一面為自己充電避免職涯空窗，這也是可以理解的。

如果你也有一個遠大的夢，只能透過留學來達成那再好不過。最低程度上只要能夠確定自己的目標和留學後的下一步，就足夠了。我認為不管出國留學還是出國工作，最重要的修煉就是**確立自己一生的國際移動力，它代表的不只是實質上的跨文化工作經驗，更重要的是一個心態**：「我相信自己是一個國際專業人士，只要給我機會，我就能在世界任何角落工作，去與不去都是我個人的人生選擇。」這樣的豪氣。

這是台灣職場在世界上的客觀劣勢。我們不管在產業、人種、語言、文化上的同質性都很高，相對於其他國際城市，並不是一個容易鍛鍊國際移動力的地方。當然也不是國外的城市就一定比較多元，但只要你曾經做過一次跨越，前往和台灣非常不同的文化圈，就至少能夠獲得兩個以上的跨文化經驗，然後也就能用更客觀的眼睛觀察自己所生長的環境，主動選擇自己想要和不想要的事物。

不管出國留學還是出國工作，別讓年齡和經濟壓力限制你的選擇，能實踐的夢想永遠都是值得的。但如果先天限制已經擺在那了，我們有沒有留學之外的出國工作方法呢？試試看LIST原則吧！

2

LIST原則：出國工作的行前檢核表

出國工作就像創業，市場是國際人力市場，而產品就是你本人！

用精實創業的方法來求職，就是LIST原則關鍵心法。

1.突破困境： 為什麼出國工作這麼困難？

失敗組的絕地大反攻

　　義祥最後一次來找我幫忙時，已經失業四個月了，資遣費也即將用罄。他本來在一家開發旅遊訂位系統的本土新創擔任軟體工程師，工程團隊加他只有兩個人，因為資金和市場都沒有到位，所以老闆決定收攤。從中部的科技大學畢業之後，他也待過小型的軟體接案公司，工作內容主要是外包系統的開發和維護，系統規模並不算太大。這樣的他，心裡其實一直有出國工作的夢想，一方面也是想要多點收入，拚個翻身的機會。不過對於家境並不優渥的他來說，留學一直都不是個可行的選項，不管是學費本身，還是後續找不到工作的風險，都不是他能夠承擔的。唯一能做的，就是利用下班時間補強自己從學生時代以來就一直不太擅長的英文，如果還有力氣，就多碰點工作上沒機會使用的專業技術。

　　平心而論，你相信這樣的義祥有可能找到國外的工作機會嗎？

　　他做到了，現在已經在荷蘭一家天災預測的新創公司工作了兩年，年薪超過原本的一倍。在職涯輔導的初期，我們從鎖定地區和職缺開始，先想辦法讓當地的招募人能夠看到義祥，然後再一步一步透過招募人的回饋來調整履歷。一開始把目標鎖定在英國不太順利，就再繼續往德國和荷蘭轉進；如果大公司沒有機會，就往新創嘗試。針對每次失敗的面試結果，他都仔細把問題和表現不好的地方記錄下來，並擬定下次

可以使用的英文腹稿，減少英文對話的緊張感。即使做到這樣，他的海外求職路仍不順遂。其實在最後拿到荷蘭的工作機會之前，他已經試了近三年——即使他沒有留學經驗、工作資歷並不顯赫，也一直待在台灣工作。而他之所以能夠堅持到底的關鍵，就是能夠不斷用低成本的方式，獲得國際面試和實戰練習，讓幾次的失敗不會成為職涯的致命傷。

不只是義祥，我在倫敦工作的幾年，也看過很多類似的例子，他們的共通點都是出國前並沒有顯赫的學歷，只有本土的工作經驗，而英文能力也絕對不是托福 110 分或者雅思 8.0 以上的頂尖程度。面對這一群人，主流的想法都是鼓勵他們先去留學「洗一段學歷」，再看看有沒有更上一層樓的機會。但是留學真的是唯一的方法嗎？又或者說，留學就保證能讓他們實現出國工作的夢想嗎？

沒有富爸爸、不想再被考試綁架、正在職場中載浮載沉的你，難道就不配擁有一個出國工作的機會嗎？

有沒有一個不必付出巨大的前期成本，在台灣就能直接實踐，可以容許失敗然後一直不斷嘗試的的方法呢？

這就是本書想談論的重點：**取得國際工作機會的關鍵難題是什麼？又有哪些工具和方法可以克服這些困難？**

找國外工作和國內工作有什麼差別？

在談國際工作之前，可以先從最常見的求職流程講起。在台灣，一個人要換工作時，採取的步驟大致如下：

培養實力→準備履歷→尋找職缺→應徵工作→進行面試→薪酬談判

如果把場景換到國外，你可以試著問問自己，能不能回答下列這些問題：

1. 海外需要什麼樣的人才？海外熱門的技能和國內是相同的嗎？（培養實力）

2. 國際版的履歷長什麼樣子？（準備履歷）

3. 國際版的求職網站是什麼？還有哪些管道可以獲得職缺資訊？（尋找職缺）

4. 人在台灣要怎麼進入面試關？我需要飛到當地去面試嗎？（應徵工作）

5. 國際常見的面試流程為何？面試的重點考題和台灣的一樣嗎？（進行面試）

6. 海外職缺這麼競爭，我有資格去談判嗎？我應該要透露台灣現職的薪水嗎？（薪酬談判）

如果這些問題你都已經有答案，恭喜你，你已經超越80%的國際求職者了。這些都是我在分享會和職涯輔導的過程中，最常被問到的問題。不只是台灣人，全世界所有前往國外找工作的人，都會面臨同樣的問題。我在倫敦和來自世界各地的朋友聊天的時候，很多人也都對「出國工作」這件事感到困難，俄羅斯人前往英國工作是如此，土耳其人前往德國工作是如此，法國人前往美國工作也是如此。這些當然都很重要，但也透露了一個訊息：**即使是找國外工作，人們還是習慣把焦點放在自己身上，而沒有從雇主的角度來看待雇用外國人這件事。**

其實雇主在雇用一個人之前就已經開始在花錢了。從張貼職缺在求

職網站上，到實際派員和求職者面試，這些都是有成本的，如果雇用到一個錯的人，從訓練、解僱、重新招募的過程又得投入更多的資源，所以大部分的國際公司對於招募流程都是非常謹慎的。要減低成本的最好方法，就是從一開始就避免找不適任的人來面試。對於國內公司而言，面試和解僱的成本都相對較低，你的專業能力和人格特質是決定你適不適任的核心指標，所以透過人力平台吸引大量的求職者，再透過面試流程淘汰不符合的對象是很標準的作法。但是對於海外公司來說，你的簽證問題和語言能力可能更為關鍵。

　　如果無法保證你能取得能合法工作的身分，即使你很優秀，公司也可能不讓你面試，因為就算通過面試，也會有很大的機會不能上班，公司沒有理由承擔這個成本。同樣的，即使你的專業能力很強，如果無法順利和同事使用同樣的語言進行口語溝通，公司便很難評估你是不是能把專業能力發揮在海外職場上。試想，如果有個求職者只有一份中文履歷，上面寫著「英文：流利」，你是老闆的話，要怎麼評估他在國際職場的溝通能力呢？換句話說，**挑戰海外最大的關卡有時候不一定是你的專業能力不夠，應該要嘗試的突破點其實在其他地方**。其中簽證又是個很絕對的硬門檻，有時甚至比你的外語能力更具決定性。可以這麼說，在專業能力符合業界標準的前提下，出國工作的核心問題會是這四點：

　　1.沒有合法簽證。

　　2.缺乏外語溝通能力。

　　3.不知道海外求職管道。

　　4.職業要求在地經驗。

不同國家的關鍵挑戰不一致

　　根據地區差異，這四個問題對於你找到當地工作的重要性其實不盡相同。舉例來說：

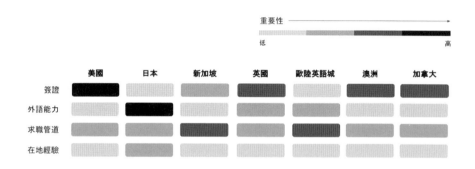

2-1 前往不同國家工作的關鍵挑戰並不一致❶❷。

　　美國沒有簽證的話直接免談，即使你很優秀也一樣。英國在簽證方面有較多替代方案可以考慮，但必須知道有效的求職管道和面試策略才能順利著陸。柏林、阿姆斯特丹、斯德哥爾摩這幾個城市所在的國家，雖然都不是以英文為母語的地方，但若專業程度能達標，即使不會當地語言，單靠英文也有機會找到工作，簽證並不是重大問題，關鍵是怎麼經營自己，讓這些歐陸的機會找上你；加拿大的情況和這些城市類似，額外優勢是不需要再學第二外語；澳洲近年移民政策開始緊縮，但對於有工作經驗的專才，仍有很大的機會找到願意贊助簽證的雇主；日本和

新加坡的職缺則是直接透過台灣的獵頭就能取得機會，不過日本職缺對於日文會有比較高的要求，而新加坡的話則是要注意雇主提供的薪資區間，因為這會實質影響到你能取得的簽證類型。

這邊沒有提到的是在地經驗的重要性：因為比起地區，**你的職業才是決定是否需要在地經驗的的關鍵因素**。舉例來說，廣告行銷、供應商採購等職業，需要熟悉當地文化和人脈才能展現實力，而藥師、獸醫等需要當地政府認證資格才能執業的工作，也會特別需要在地經驗。在不轉換專業的前提下，這類工作也會是留學最適用的場合。

有了這些基本概念之後，你便可以根據自己夢想的區域擬定求職策略：

如果目標是美國、澳洲、或英國：能先取得簽證是最大重點。

如果目標是歐陸、新加坡：讓自己能夠被當地公司或獵頭看見比較重要。

如果目標是日本：日文可能會成為是否能站上舞台的重點。

定義了問題之後，身為土生土長的台灣人，又有哪些工具和方法可以克服這些困難？LIST 原則是你的最佳武器。

2.精實求職：出國前就能快速實驗的低成本求職心法

精實創業 VS. 商業計畫書

在談LIST原則的實踐方法之前，我想先來談談LIST原則的內功心法，也就是精實創業的精神。而講到精實創業的經典案例，就不能不提Dropbox的故事。

2007年，當時還在MIT念書的德魯‧休斯頓發現，很多人為了在不同電腦之間傳輸檔案，常常會用附加檔案的方式寄一封email給自己，到不同電腦再下載下來。他覺得這是一個非常惱人的問題，也許可以寫個軟體來解決，但不確定有多少人真的像他一樣困擾。

如果建立一個完整的雲端軟體給使用者大規模試用並蒐集回饋，會需要額外花很多時間來克服技術挑戰，若發現大家根本不覺得這是問題，繼續寄附加檔案給自己或使用USB來傳檔就好了，花時間寫這套軟體不就是浪費生命嗎？於是他決定用更簡單的作法：錄一支示意影片，直接發到網路論壇上，看看網友的回饋如何。結果出乎他的意料：這不只是他獨有的困擾，網友愛死了他提出的解決方案，甚至願意捐款，請他趕快把軟體發布上線。用這個半成品的影片，他成功闖進知名的矽谷創業孵化器Y-Combinator，並於2018年上市，市值近一百億美金❸。

　　精實創業的本質是相對於傳統商學院透過撰寫商業計畫書（business plan, BP）來創業的作法。傳統的觀念是，在創業之前準備越充分，創業成功的勝率就越高，所以最好在創業之前，先擬定一份五到十年的財務預測，包含所需要的資源、預期達成的營收、執行策略等等，然後等資源都累積到位之後，再一步一步按表操課，把產品打磨到最完美的狀態，再和大規模的行銷同步配合，一舉拿下市場。對於資源充足的大企業或大資本家，這樣的作法有時候很有成效，但是對於捉襟見肘的草創團隊來說，這種曠日費時的流程，往往會讓產品在上市之前就把資金燒光了。而且這個模式還有一個重大瑕疵：市場永遠變化得比預測還快！這些前期預測常常禁不起真實市場的考驗，而根據這些假設而建立的產品和資金，也因為已經預先大筆投入而沒有回頭的空間。

　　精實創業解決這個問題的方法，就是快速迭代實驗——不預先進行過多假設和資源投入，直接把還不完美的產品投入市場，利用市場的用戶回饋來即時優化產品，修正之後就立刻再測試一次，不斷重複，直到創造出讓市場愛不釋手的產品為止，這時才啟動大規模的行銷推廣，避免浪費資金。因為不像傳統模式需要一次就推出最完美的產品，反而釋放了更多的資源和時間來進行測試，也因為測試的次數夠多、夠即時，反而常能更快因應市場變化，以客戶即時的需求為基礎，找到更大的利基市場。《精實創業》的作者艾瑞克・萊斯用一張圖來說明這個概念❹：

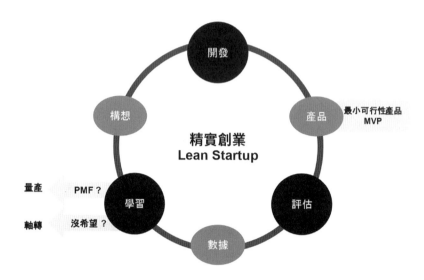

2-2 精實創業的精神是使用最小可行產品（MVP），快速迭代測試，直到找到產品市場契合點（PMF），再投入資源量產推廣。（改作自《精實創業》「開發 - 評估 - 學習」循環圖）

　　上面提到的不完美的低成本產品就是矽谷創業家最愛說的「MVP」（Minimum Viable Product，最小可行產品），而這個利基點就是所謂的PMF（Product Market Fit，產品市場契合點），也就是可以開始投入資源進行大規模推廣的起飛點。你不應該在不必要的細節上投入過多的精神，反而應該把資源用在更多次的循環實驗上，因為大量的實驗學習才能確保你的產品是在正確的地方進行優化打磨。Dropbox 的 MVP 就是當初德魯・休斯頓放上網路的那支示範影片，他只用一部影片就成功在網路論壇上找到了產品利基。那並不是完美的產品，甚至只是一個不能上線的半成品，但這就夠了。LinkedIn 創辦人里德・霍夫曼甚至曾說：「如果你對你的第一版產品不會感到尷尬，表示你已經太慢推出了！」❺

　　那麼有沒有可能經過了多次迭代實驗，最終仍然找不到符合市場需

求的產品呢？當然有可能，而精實創業解決這麼問題的方法，就是即時軸轉。很多大企業錯失新的市場機會的原因，就是因為已經預先投入龐大的資源、沉沒成本過高而不願放棄原本的方向，又或者因為這是過去曾獲得成功的產品，所以不願砍掉重練，這是創新的兩難❻。而採用精實創業的新創公司，因為一開始推出的產品就是低成本的 MVP，沒有太多的包袱，反而更能直接對應市場進行產品轉換。全球知名的辦公用即時通訊軟體 Slack，在 2013 年的創業初期，其實是想做遊戲，但是他們在創業早期發現遊戲內建立聊天頻道的工具反而更受歡迎，於是便大幅度轉創業主軸，改用「遊戲頻道」的概念開發辦公室通訊軟體。這個軸轉價值連城，2021 年，雲端軟體的先驅 Salesforce 以 270 億美元的天價併購 Slack❼。

出國工作就像創業，你的產品就是自己

　　這些和出國工作有什麼關係呢？事實上**出國工作就像創業，市場是國際人力市場，而產品就是你本人！**從前一節我們已經看到，義祥成功的關鍵，不是天賦異稟，不是擁有無限銀彈，也不是一擊必殺的好運，而是他能一直留在國際的求職市場中，一邊快速迭代強化實力，一邊實戰測試等待時機。沒有無限資源的他，怎麼能一直留在求職市場中實驗呢？因為他每次測試的成本夠低，人在台灣，不用離職就能持續進行。沒有國際學經歷的他又為什麼能找到符合國際市場的調整方向呢？因為他設定了正確的學習指標，能夠即時透過面試數據和招募人的回饋進行調整。這其實就是精實創業的核心精神：用低成本的方式快速推出產

品，直接用市場的回饋來即時調整產品，持續迭代優化直到成功。

如果我們把圖2-2改寫一下：你的產品MVP就是履歷和LinkedIn個人頁，你要追蹤的指標就會是你被國際招募人看到和通知的次數，而每次要學習優化的焦點，就是根據第一線的招募人回饋，來調整你的經歷、技能和面試技巧，也就是「你」這個產品本身。等到招募人都願意把你送進面試關，PMF出現了，也就是你可以開始大規模向世界投遞履歷，揚帆啟航的時刻了。這些步驟都是你出國之前就可以實踐的，不一定要投入大筆資金出國之後才能完成。這就是LIST原則的基本架構。

LIST 原則就是用精實創業的精神找國際工作

精實創業的專有名詞	LIST 原則的對應概念
創業 (Startup)	出國工作
產品 (Product)	你
市場 (Market)	國際職場
最小可行性產品 (MVP)	履歷、LinkedIn 個人頁
產品市場契合點 (PMF)	在台灣就收到招募人的面試邀約
開發-評估-學習	建立履歷/經歷 - 被動檢核 - 產業關鍵字/面試趨勢
用戶回饋 (User Feedback)	招募人看到和通知的次數、面試回饋
快速迭代 (Iteration) **漸進優化 (Optimization)**	改進 LinkedIn 及履歷 強化自己的專業能力
軸轉 (Pivot)	轉職、轉換目標地點

2-3 精實創業與 LIST 原則的概念對照表。

可以這麼說，**留學思維的本質是一種 BP 式創業的傳統作法，而 LIST 原則的核心則是精實創業的精神**。傳統作法在你資源充足且預測準確的時候會很有效，比方說留學費用對你而言完全不是問題，你很確

定進修的領域是未來的趨勢和求職熱點，又或者國際學歷是找到該領域工作的必要門票。而 LIST 原則則是對於資源有限且想要保持就業彈性的人，更為有效的作法，特別是針對人在台灣、沒有國際學經歷、沒有留學經費或明確想要研修方向的人。

適合留學的情境 vs 適合 LIST 原則的情境

	適合留學	適合 LIST 原則
你的夢幻職缺要求在地學歷和經驗	V	
你的夢幻職缺只能夠過名校申請管道取得	V	
你想要深耕最新的領域知識邊界	V	
你沒有足夠的經濟基礎可以暫停工作		V
你並沒有明確想要攻讀的學位		V
你的目標國家申請工作簽證的門檻較低		V
你還不確定兩三年後的求職市場變化		V
你所擁有的專業在不同國家都能被認可		V

2-4 適合留學的情境與適合 LIST 原則的情境對照表。

　　大家都喜歡聽孤注一擲、身陷絕境，然後置之死地而後生的英雄故事，說白了，那比較激勵人心。但是這些成功故事背後沒有提到的，是處在同樣的絕境，最後卻沒能突破困境而陣亡的多數人，也就是所謂的倖存者偏誤❽。我們當然都是自己故事中的英雄，可是冰冷的現實會告訴你，大多數人都無法在背水一戰的境地中突圍，這點在出國工作這件事情上尤其如此：絕大多數的人都沒能在畢業之後留在當地工作。

　　在留學成本持續飆升的現代，如果你念完書後直接返國，面對的必然是永遠無法損益兩平的學貸或負面的投資報酬率；如果你想要透過

這段留學歷程，一窺知識學堂的前沿那沒有問題，但如果你只是單純想要透過留學，為自己的職涯成長加值呢？在單純的熱血和勇氣之外，我們需要採取的是一種容錯率更高的作法，最重要的是能持續留在國際求職的這個遊戲裡面，不會因為單次的重大損失而無法再次挑戰。這也就是資產配置型投資人最常說的：「最成功的投資策略，就是持續留在市場！」❾

事實上，即使你決定留學，LIST原則仍然可以為你所用。不管是在留學初期的系所選擇和地點選擇，留學中期的經歷強化，還是留學之後的找工求職，你都一樣需要考慮簽證、履歷和面試準備的問題。如果可以提前思考這些問題，就能增加畢業之後留在當地工作的勝率。

心法說完了，那麼LIST原則要怎麼實踐呢？

3.行前準備：用LIST原則幫你列舉 出國工作的行程表

　　第一次出國旅行的時候人總是會特別緊張：錢帶得夠不夠、行程應該怎麼安排、應該要準備什麼文件過海關、衣服是否足夠、保暖，這些都能成為旅途中的困擾。有經驗的旅人都會有自己的旅行清單，記錄好這次出門要帶的東西、準備的文件、行程等等。事實上，出國工作也是一樣的。一份好的出國工作檢核表，可以幫助你在出國工作前準備好，不必到了夢想的國度才開始擔心準備得不足，或者在當地承受「買貴」或「語言不通」的困境。

　　LIST原則是下面這四個步驟的英文縮寫：

1. Localize（融入當地）：讓自己像個當地人。

2. Internationalize（跨出國界）：讓自己被世界看見。

3. Strengthen（強化專業）：建立國際通用的專業能力。

4. Test（不斷測試）：用免費的人力市場指標來檢驗自己。

　　這四個步驟並不是一條線性的過程，而是如圖 2-5 一樣的循環，將不斷地在你每個國際職涯的選擇點出現。如同精實創業的本質，最重要的是怎麼加速這個循環的速度，讓你用最小的成本，找到自己這個獨特產品的PMF，並在你的職涯中持續實踐，越變越強！讓我們先簡略解釋每一個步驟的要點，掌握架構，接下來的章節中，會更深入探討每一個步驟的細節。

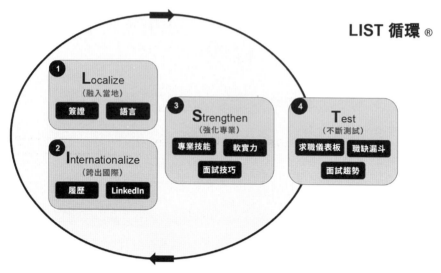

2-5 LIST 原則是一個迭代循環，而不是一條線性步驟。

Localize（融入當地）：讓自己像個當地人

第一步必須要先讓自己看起來像個當地人。不是外型或口音上像個當地人，而是讓雇主相信你是屬於當地人力市場的人。如同前一節所提到，雇主也怕用錯人，所以大部分的公司也都傾向先在當地找人，至少在最低程度上可以確保你是有合法工作權的，而且不會有語言障礙或是文化適應的問題，至於能力相關的問題可以在面試的流程中進行篩選。反過來說，如果能讓雇主知道你並不會有簽證方面的問題，同時也能夠直接使用當地可接受的語言進行溝通，就能夠和其他當地的求職者站在同一條起跑線上了。

一般最常見的方式是透過留學，取得畢業後延簽的機會來解決簽證

問題，如美國的OPT和英國的PSW，不過其實也有運用打工度假簽證（英國、澳洲）或特殊的求職簽證（德國、荷蘭）來解決的辦法，甚至有的國家請雇主直接發工作簽證也相對容易（瑞典、日本、新加坡）。

至於語言要到什麼程度才能「像個當地人」呢？關鍵其實是在「**當地可接受**」這件事。有的地區即使官方語言不是英文，你也可以只靠英文在當地工作，也有的地區其實口音非常多元，以台灣人普遍的英文程度是足以起步工作的，這些詳情都會在本書的第三章中細談。

Internationalize（跨出國界）：讓自己被世界看見

第二步則是讓自己能夠被世界看見。當然你直接堵在理想公司的門口也是能夠被看見，但是更有可能是被警衛看見，然後將你拒於門外，而不是用人主管看見你，而且更糟的是：只會有一家公司看見你。這隱含的意思是，即使你飛到當地也不見得有用，因為你的本質上是個來該國家遊歷的觀光客，而不是在當地人力市場的人。

要進到當地人力市場，就必須要能夠被負責招募的人搜尋得到，所以必須讓自己的存在出現在對方會去搜尋的地方。你存在的證明就是履歷，而對方會搜尋的管道除了求職網站之外，就是公司自己的人力資料庫和LinkedIn了。招募人搜尋人才的方式其實和我們使用Google進行搜尋是類似的，皆使用關鍵字來找目標，最常使用的關鍵字就是**職稱和職務所需的技能**。換句話說，你必須要確保自己履歷上列出的內容包含招募人會使用的關鍵字。

這邊又以職稱特別關鍵，你可以問問自己：你知道自己想要找的工

作的所有英文職稱嗎？舉個例子，想要找PM的工作，你知道自己比較想要的是Project Manager、Product Manager還是Program Manager嗎？你想要找客戶服務相關的工作，你覺得Customer Support和Customer Success哪一個機會比較多呢？類似的例子還有很多，你必須實際去蒐集目標公司的職稱和職務內容才能確定。重點在於：**必須在對的平台，把對的關鍵字放在自己的履歷上，這樣才會實際出現在當地的人力市場上。**

Strengthen（強化專業）：建立國際通用的專業能力

第三步則是培養自己的實力，而且是跨國認可的專業能力。對方找到你之後，還得讓對方相信你是值得被找來面試的，而在履歷上唯一能看到的就是你過去的實績和技能樹。之前曾提到，國際職涯不是一條直線，當你蒐集了大量的職務說明後，應該也能歸納出自己和目標職缺的能力落差，而要填補這個落差就只能靠工作的積累和下班後的努力，這些都需要時間，那也正是你必須優先從職缺出發，再回頭思考要培養哪些能力的原因。

不同工作的專業技能都可以透過這個方法來加強，而團隊協作、溝通領導等軟實力大抵而言則是全球適用的，不過除了工作上實際會用到的「職場力」之外，面試能力或者小時候老師常說的「考試技巧」，也是要能夠順利通過面試不可忽略的一環。國際職場代表的就是和全世界的人一起競爭，你終究必須靠硬底子的實力來證明自己。要怎麼辨別自己的專業是不是可跨國適用的專業，要選擇性地加強哪些技能，這些我們會在第五章提到。

Test（不斷測試）：用免費的人力市場指標來檢驗自己

第四步則是去測試自己。不像找國內工作，你可以以很低成本的方式進行面談，在決定辭職挑戰海外之前，你可以先進行簡單的市場測試，看看自己是不是已經成功出現在國際人力市場上了，具體的檢核點就是看看自己有沒有辦法人在台灣就獲得面試邀約。

這邊的檢核重點不是是否能通過面試，而是是否能獲得面試機會。如果你能夠常態性地得到面試機會，那就代表你已經順利進到目標地區的人力市場了。這時候也可以開始建立自己的夢幻職缺清單，主動投遞履歷到理想的公司。業務工作有一個概念叫銷售漏斗，每個業務人員都必須從發掘商機開始、篩選潛在客戶、建立潛在客戶清單、進行業務拜訪和提案，最後完成簽約，這裡的每一個步驟都需要押時間，以確保工作品質。找工作也是一樣，在實際開始面試之前，**可以先整理出「夢幻職缺」和「備選職缺」，然後想辦法進入面試關**。有的公司面試流程比較長，有的比較短，用一張表格將它完整記錄下來，就能幫助你調整步伐、進行面試，甚至透過追蹤成功進到面試環節的職缺，進一步篩選出比較適合你的求職管道。

實際面試的過程中，你也會不斷蒐集到當地同類型工作的面試熱門考題，關鍵是盡可能從前一步的實驗中取得大量面試機會，以戰養戰，慢慢優化自己的面試能力和需要加強的核心技能。大量的面試機會也能夠累積你的自信，不至於因為一次的失敗就裹足不前，進一步讓整個面試的過程變成一種**「主動篩選自己有興趣的工作」的過程，而不再只是「被動地等待被施捨一個機會」的煎熬**，最重要的是，那會成為你最終

談薪的籌碼。

把這四個步驟連起來，就是LIST原則，把每章開頭的TO DO待辦事項集合起來，也就是你出國工作的第一份檢核表，完整版的檢核表也可以直接參考本書的附件。這裡要記住的是，這是一個測試的過程，不用太在意一次的成或敗，每一次測試都是爲了認知自己的不足，關鍵是學習指標，而不是成功數量。不用追求完美，你能越快速地優化自己的履歷和LinkedIn，就能越快抓到市場需要的訊號，找對方向強化自己的專業。

如果經過多次測試還是不順利，也許就是需要軸轉的時刻了，你可以試著調整自己的目標地區，先以第三地爲跳板，著陸之後再思考下一次跨國的機會，甚至開始思考轉職的可能性。不妨試著以3～6個月爲一個循環，持續精進。

掌握了大方向之後，讓我們拿這份地圖，一一清點每個待辦事項，勇敢啓程吧！

3

融入當地 (Localize)：
讓自己像個本地人

你的目標是降低雇主的雇用風險，而最大的風險就是簽證和語言。

只要你能克服這兩個門檻，就能讓雇主相信你也是屬於當地人力市場的人才。

1.決定地點：你想去哪裡？ 從比較願意接受外國人的城市起步

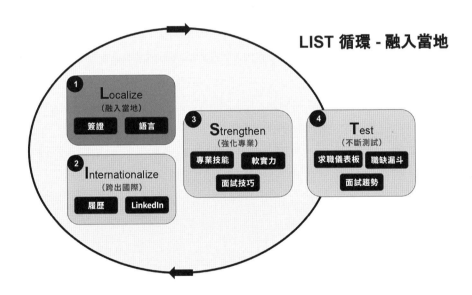

LIST 循環 - 融入當地

有的人是懷抱著對某個國家的憧憬而決定出國，有的人是為了另一
半，有的人思考的是長期職涯發展，也有的人單純只把出國當成跨出舒
適圈的挑戰，但更多的人什麼都沒想，彷彿只要能出國，去哪都可以。
這其實也是很多人在選擇用留學這個方式出國所踏入的誤區：我只是想
要擺脫現況，至於下一步是什麼，畢業後再想。

抱持著開放的心態，把一切當成一個探索的過程，出國前不多做假

設，到當地之後從零開始體驗，也未嘗不可，只是這種「開放」，往往帶來的不是更多選擇的自由，而是更有限的選項和更強烈的壓力。因為身為一個外國人，簽證長度和生活支出的限制，就硬生生地擺在眼前，如果不預先規畫簽證到期或旅費用盡之後的下一步，你永遠只有固定長度的探索時間，旅行的話可能是三個月，念個碩士也許是一年。但如果你提早思考留在當地工作的方法，就可以一舉解決簽證和支出的問題，靠自己的雙手延長探索的時間。

找到自己的產業大聯盟

　　如果你也接受這個脈絡：相信出國最大的意義，來自於獲得當地的原生經歷，而留在當地工作，是最容易實踐的方法，那麼我們從第一天開始，就該更認真思考自己究竟該選擇在哪個地方落腳──**你應該從工作機會夠多，也比較願意接受外國工作者的城市起步。**

　　那麼，在出國之前要怎麼找到這些城市呢？我們可以依序透過下面三個方法來彙整出專屬於你的目標城市清單。

一、找到產業的大聯盟

　　說到棒球，沒有人會懷疑這個領域的最高殿堂就是美國大聯盟。不只是運動界，每個產業也都有自己的大聯盟。舉例來說，如果你想找的是服裝設計的工作，巴黎、米蘭、倫敦、紐約，就會是這個產業的大聯盟，因為這些城市正是世界四大時裝週的所在地。這些都會區必然會是匯聚最多機會的地方，也是對人才需求最旺盛的地方。只要當地人才的供給不足以滿足產業的需求，企業就會願意招募比較多的外國人來填補

這個空缺，而那正是我們的機會點。軟體業之於矽谷，金融業之於星、港、紐約，都是同樣的道理。

不過大聯盟也意味著競爭激烈。這些地方雖然機會較多，對於人才的品質要求也會比較高，除了努力之外，對於學歷和天賦也有所要求，如果不是國際名校畢業或是業界知名的天才菁英，很難以外來新人之姿直接切入，這時候工作年資和作品專案就會成為勝出的關鍵。即使有時候外來者需要先從比較基層或條件較差的工作開始起步，不過只要成功取得當地經驗之後，就能重新連結本國的經驗，複利加成，海闊天空。

二、列舉標竿企業設有辦公室的城市

企業設立海外辦公室時，通常不是為了進入當地市場，就是為了取得當地人才，並不是隨意在世界地圖上插旗而已。那麼，該怎麼判斷一間海外辦公室的屬性呢？我們可以從各辦公室的組織結構開始觀察。如果一個辦公室的人力主要都是業務、客服和法遵人員，這大概是一個為了進入當地市場的市場型辦公室；反過來說如果辦公室有比較完整的組織架構和研發部門，很有可能就是為了吸引當地人才的基地型辦公室。對於國際求職者，要怎麼反向推測辦公室的屬性呢？只要看看他們開出來的職缺類型和數量就可以明白了。

基地型辦公室：

組織完整，以吸收人才為目標。職缺包含研發、人資、策略等。

市場型辦公室：

組織精簡，以攻略市場為目標。職缺限於業務、客服、法遵等。

這些資訊通常都可以直接從該公司的官網上取得，只要在官網上

搜尋jobs或careers的連結，就能找到最新的職缺資訊。如果你是業務或商業開發人員，可以先找小型的市場型辦公室；如果你是行銷或研發人員，則可以先列出基地型辦公室的所在城市。蒐集了兩三個標竿企業的辦公室清單之後，交集出來的城市，就會是你可以優先考慮前往的城市。對於基地型辦公室來說，因為它們設立的原始目標就是為了吸引當地人才，反過來說只要你能讓自己「像個當地人才」就能成功取得面試機會了。而要怎麼讓自己像個當地人，就是本章後面的重點所在。

三、瞄準新創公司特別多的都會區

新創企業因為資源不多，常常處於人才短缺的狀態，那正是身為外國人的我們可以把握的機會。因為資金和人才都有磁吸效應，除了矽谷之外，你會發現世界上的新創聚落大都落在特定的城市型都會區，例如新加坡、倫敦、柏林、北京等地，這些城市為了吸引人才，多半也有針對特殊專才的簽證管道。這時你可以試著跳脫產業的思維，改以職業的角度來想：一個新創企業會需要什麼樣職能的人呢？對於現代新創科技業來說，下面這幾項職能都是不可或缺、不太會直接外包出去，也是有志出國工作的人可以考慮攻略的方向：

1.軟體工程師（Software Developers）

2.產品設計師（UX/UI Designers）

3.產品經理（Product Managers）

4.商務開發（Business Development Managers）

5.增長駭客（Growth Hackers）

6.客戶經理（Customer Success Managers）

不過同樣是叫做「新創」（startups），不同公司的規模卻差異很大，對於人才的需求類型也大不相同，Airbnb和Uber到今天仍然常被稱為新創公司，但是數十億的估值已經不是還在共同工作空間裡的「真·新創」可以比擬的了。對於求職者來說，一個比較好的指標是用公司人數和募資階段來進行判斷：如果公司人數還在50人以內，或是募資階段仍在B輪之內❶，會是比較符合我們目標的新創公司。這些資訊都可以透過CrunchBase進行搜尋❷。而我們該找的都會區，就是這類草創期公司聚集的聚落。

了解目標城市的生活概況

除了工作機會外，是否容易落地開啓新生活也是值得考量的。不管你是因爲什麼理由決定出國，稅後薪資、當地物價指數和生活品質，常常都是被優先考量的指標。這邊就彙整一些常見的國際網站來協助你進行判斷：

1.薪資水準

- **PayScale**：能查詢到提供全球範圍內，各種產業和職業的薪資水準。

- **Glassdoor**：主要提供的資訊爲公司評價，但關於薪資的分頁也常常用來做爲公司薪資狀況參考。需注意的是，因爲Glassdoor存在的歷史較長，上面關於薪資的平均會往早期的資料點傾斜，這在成立時間較早的公司尤爲明顯，有時候並不能完整呈現在的薪資水準。

- **Levels.fyi**：可能是科技業目前最具權威的薪資網站，薪資訊息非常即時，隨著業務擴大，能查到的公司和地區也逐漸增加當中。使用上可以地區做為篩選器來觀察。不過因為原始數據以軟體工程師為主，並不足以代表全體產業。也因為軟體工程師在世界各地，多半仍是薪資屬於前段班的職業，你可以把這些數據點當成當地薪資的高標來參考。

2.生活物價指數

- **Numbeo**：這是查詢不同城市物價指數的權威網站，除了列出城市的零售物價、房租、平均薪資等資訊，甚至可以在網站上直接對比兩個城市的物價水準。除了物價之外，網站也提供生活水準的指標做為參考，你可以看到安全、醫療、購買力、交通等相對資訊。

- **EIU**：經濟學人每年都會針對安全、環境、物價等各項指標提出世界各大城市的宜居城市排名（Global Liveability Ranking），這份報告每年也都會被各大媒體做為專題，可以直接至官網下載報告，或以「宜居城市排名」做為關鍵字，去查詢歷年的新聞資料。

NUMBEO　　Select City

Cost Of Living ▾　Property Prices ▾　Quality Of Life ▾　Premium ▾　Jobs ▾

🏠 Cost of Living > Compare Cities > Taiwan vs United Kingdom > Taipei vs London

Cost of Living Comparison Between Taipei and London ⇆

You would need around 192,426.03NT$ (5,110.75£) in London to maintain the same standard of life that you can have with 110,000.00NT$ in Taipei (assuming you rent in both cities). This calculation uses our Cost of Living Plus Rent Index to compare cost of living. This assumes net earnings (after income tax). You can change the amount in this calculation.

Indices Difference ⓘ
Consumer Prices in London are 30.12% **higher** than in Taipei (without rent)
Consumer Prices Including Rent in London are 74.93% **higher** than in Taipei
Rent Prices in London are 210.57% **higher** than in Taipei
Restaurant Prices in London are 161.13% **higher** than in Taipei
Groceries Prices in London are 20.14% lower than in Taipei
Local Purchasing Power in London is 49.75% **higher** than in Taipei

Do you live in London?　Add data for London!

Currency: [TWD ▾]　Sticky Currency　Switch to US measurement units

🍴 **Restaurants**	Taipei 🖊 Edit	London 🖊 Edit	**Difference**
Meal, Inexpensive Restaurant	130.00 NT$ (3.45 £)	564.77 NT$ (15.00 £)	+334.44 %
Meal for 2 People, Mid-range Restaurant, Three-course	900.00 NT$ (23.90 £)	2,259.08 NT$ (60.00 £)	+151.01 %
McMeal at McDonalds (or Equivalent Combo Meal)	150.00 NT$ (3.98 £)	225.91 NT$ (6.00 £)	+50.61 %
Domestic Beer (0.5 liter draught)	60.00 NT$ (1.59 £)	188.26 NT$ (5.00 £)	+213.76 %

3-1 不同城市的生活物價指數可以透過 Numbeo 等第三方網站來查詢。
（資料來源：Numbeo）

　　不過數值終究是數值，很容易因為極端值而失眞，也可能因為參考指標不同而有差異。舉例來說，Numbeo計算當地物價的菜籃（basket）裡，必然包含牛奶、起司、紅酒等食品，這會讓亞洲城市在食品物價上有些失眞，對於很多出國工作的人來說，所在城市是否有中國城或亞洲超市，可能是更重要的指標。而教育指標也隨不同人的思維，可能有不同的評級，有的人可能會特別重視學校組成的人種多元性，有的人則重視學校的升學品質和校友成就。

　　這些都是必須親自到當地走一遭才能感受的。在實際前往當地之前，你可以透過加入當地的同鄉社群或論壇，直接用網友的第一手訊息來觀察，可能會更準確一些，只要在各社群媒體上，用「台灣人＋地名」做為關鍵字去搜尋，就可以找到許多這類的在地社群。

　　工作並不是生命的全部，但若想要更深入體驗當地人的生活和文化，而不是單純旅遊式的走馬看花，就必須要在當地久居一段時間、結交當地的朋友，融入當地社群。工作是一個方式，念書是一個方式，和當地人組成家庭也是，但是感情的事常常不是可以預先規畫的，而念書也不可能無限延續，從這個角度來說，**只有工作是可以提前準備、獲得實質的經濟報償來維繫生活，最終能讓自己獲得選擇的自由。**

2.克服身分：在留學和結婚之外，還有哪些特殊簽證？

湘怡是一個擁有三年工作經驗的硬體工程師，平常因為服務的廠商也很常需要和國外客戶溝通，所以講英文對她而言，並不是一件太吃力的事，也因為這樣，她漸漸有了出國工作的念頭。

「工作經驗和英文都不是問題，剩下的就是修改履歷了吧？」她想。於是她在網路上找了一些履歷的範本，修改完成後，挑選了幾間國際知名公司在官網上直接海投，幾週過去，還是什麼消息也沒有。有人告訴她，三年的工作經驗可能還是不太夠，國外比較需要即戰力，不如再磨一下吧？就這樣又過了兩年，她已經升為資深工程師，對於整個組件的設計準則和製程都非常熟悉，也連續三年獲得最佳員工獎，她覺得是時候再試一試了。

這回她找了過去因工作認識的外國朋友諮詢，看看履歷上有沒有語法或格式上的瑕疵，確定沒有問題了就再次試驗，而且不只找國際知名的公司，一些小型的公司也試了。和上次不同，她接到了一些面試通知，有的甚至約到了電話面試的機會，可惜即使相談甚歡，只要一談到她的簽證狀態，就沒有下文了。上百次嘗試全部碰壁，在收到最後一封拒絕信之後，湘怡又再次陷入谷底，外國朋友安慰她：「妳的經歷和履歷都很好，問題就出在『身分』，沒別的原因。」她聽了之後，除了憤

慨，也不知道下一步該怎麼辦。

假如專業能力都相同，對於國外雇主來說，你和本地人最大的區別就是簽證問題，也就是俗稱的「身分」。有的國家是法規限制，要求一間公司裡頭只能有固定比例的外國人；有的國家則是工作簽證難以取得，即使雇主願意為你擔保，仍然只有三成不到的機率可以抽到身分，而且一年只有一次機會。這也是為什麼如果你能自行解決簽證問題，就能大幅增加雇主雇用你的意願。

身為「外國人」的我們，真的有可能預先解決簽證問題嗎？我們可以先從每個國家普遍都有的簽證類別進行分析，再個別探討不同特色的簽證，尋找國際求職的著力點。如果你已經擁有合法在目標國家工作的身分，可以跳過這個章節。

多數國家都有的簽證類型

1.學生簽

學生簽證是最容易讓你前往一個陌生國家的方法，只要你申請到當地學校並支付學費，就能直接取得，這也是為什麼一直以來，留學會是國際職涯最常見的第一步。根據不同國家的法規，學生簽證通常會允許學生進行每週10～20小時不等的兼職工作，基本原則是工作時間不能超越修課時間，所以如果目標是找到全職工作，最後還是得要轉換成其他簽證類型才行。

很多人會把留學單純當成提升領域知識的工具，事實上留學能夠提供的好處遠大於此。如同第一章提到的，在知識取得相對容易的現代，

如果你的目標是藉此獲得國外的工作機會，留學最重要的三個功能反而是**國際人脈、校園徵才機會和工作簽證的轉換。**

國際人脈代表的是更多國家的職場資訊，這點在 MBA 這類強調工作經驗的學位最為明顯，因為你的每一個同學都有可能成為你在特定國家和特定公司的介紹人。反過來說，領域型碩士學位（MS／MA），因為大部分同學也和你一樣，是想要透過這個學位留在當地的人，相對來說，畢業當下的人脈效益就比較差，但是長期而言，大家仍會在世界上不同角落的同一個產業奮鬥，對於目標是拓展長期產業人脈的人仍然具有一定的效用。

校園徵才機會也是台灣學生很容易忽視的要點。和台灣一般純以展示為目的的大學就業博覽會不同，國外的校園徵才很多是學校專屬，也就是企業只會到特定學校徵才，而且有獨立的篩選流程和名額，讓你和一般在職的求職者區隔開來，稱為畢業生計畫（New Grad Program／Graduate Scheme），**如果一開始就針對自己目標領域的學校進行申請，也就有比較大的機會透過這類計畫，找到當地的業內職缺。**

簽證轉換則是留學最重要的好處之一，也是很多留學生在出國前沒有好好思考過，等到畢業時才後悔莫及的。大多數國家都有學生簽轉工作簽的特殊管道，讓國際學生有機會能夠在畢業後，直接留下來工作。在工程師薪資爆表的 2010 年代，甚至很多已有多年業界經驗的人戲稱去美國留學是「花學費買簽證」，留學只是為了取得一個合法工作的機會，學習反而是次要的。

把留學這麼功利化的分析，並不是要貶低學術殿堂的價值，如果你的目標是往學術界發展並繼續攻讀博士，學校提供的傳統知識性功能，

包含大師傳承、實驗室資源和尖端研究的能量等，仍然是無可取代的。但如果一開始就已經把出國工作當成目標的話，在選擇國家和科系前，就必須好好思考這三點，畢竟那會是數百萬台幣的學費和數年年薪的機會成本。

2.配偶簽

配偶簽是另一個常見的取得合法工作身分的方法，基本原則是只要你的另一半是當地公民，就能以配偶的身分在當地找工作。除了當地公民，如果另一半已經有工作簽證，配偶有時也能合法工作，不過這不是通論，還是得以另一半實際取得的簽證類型來判斷。以英國為例，一般工作簽證是綁定雇主，換工作時稍有不慎，就有可能損失合法居留的權利，但工作簽附帶的配偶簽卻允許你彈性轉換工作，讓你比另一半自由！所以如果你已經有家庭，和伴侶討論出國工作的選項時，也可以一併考慮配偶簽的可能性，這會比各自單打獨鬥容易許多。

比較有趣的是強調LGBT和多元感情關係的歐洲，配偶簽的類型也很多元，同居或是其他各種型態的伴侶關係，**只要能「證明」也可以順利申請配偶簽證**。具體的驗證方式通常包含過去半年的同居證明，像是在同一地址下的水電帳單、出遊機票和照片，還有簽證官針對私密問題的拷問等等。

3.技術簽

技術簽通常是針對領域的頂尖人才而設的。比方說你是上市公司的總裁、百萬金曲的創作者、世界盃冠軍球隊的隊長、某個學術流派的開山祖師等等，或是像醫師、職能治療師這類具有特殊專長的工作。

說到這裡你可能覺得這和自己很遙遠，但是在各種專業百花齊放的

現代，其實取得技術簽的門檻並非如此遙不可及，只要是當地非常缺乏的人才，一般人也有機會取得這種簽證，人才跨國移動是個全球趨勢，而最常見的人才流動方向就是低工資的地區往高工資的地區移動，反過來說，**只要找到專業人才的淨移出區，就能發現一些施力點。**

舉例來說，英國提供一種特殊的 Tier 1 簽證，**只要符合 Tech Nation定義的職業短缺名單，就能自行提供備審資料去申請**。以工程師爲例，如果你能提供一些曾經在開源專案有顯著貢獻的證明，就有機會透過這種方式取得簽證。至於美國，也有O1簽證的管道，除了奧運金牌和各領域的佼佼者之外，也有許多博士以專業期刊的學術貢獻而申請成功的例子。

這種簽證就是事在人爲，並不是特別容易的管道，但也不是毫無希望的。如果是不需要額外機構做爲擔保的國家，只要拿到，就能以自由之身在期限內自由轉換工作，其實是非常值得學有專精的國際求職者研究的方向。

4.投資簽（創業簽）

投資簽的重點就是錢，結案。大部分國家都有專門爲資產階級設計的簽證條款，所以只要你有足夠的資金，就能夠靠這個方式出國。不過矛盾的是，投資移民多半意味著你是以老闆的身分經營一家公司，可能較無法達成「一般人出國工作」的目標。

但是事情其實也有另一面，如果你能夠順利取得知名創投的投資，就有機會用較低的起始資金到當地開創事業，並用這個方式出國（爲自己）工作。有的海外名校也具備擔保資格，可以讓學生在畢業時進行創業提案，只要確實開始創業並符合若干資格，就能用創業簽的方式留下來。

　　以上提到的都是靠自己取得當地簽證的方式，胼手胝足地讓自己像個當地人的方法。我們接下來可以看看由雇主方主動提供簽證的選項有哪些。

雇主擔保的簽證類型

1.學生轉換型

　　同樣是由雇主替你辦簽證，不同的取得管道，難易度就會有所不同。由學生簽轉換成工作簽的方式通常是最容易實現的，主要原因是雇主在雇用你時，不必擔心簽證申請失敗的風險，而不同國家通常也有學生專屬的轉換管道，鼓勵在該國受高等教育的學生能留在當地職場，持續爲該國經濟做出貢獻。

　　美國的OPT是其中最知名的例子，美國每年H1B工作簽證的申請只有四月一次，且申請人數遠大於每年額度，所以會用抽籤的方式決定申請人最終是否能獲得工作簽，而依據學士和碩士級學歷的差異，大概只有20～30%左右的中籤率。換句話說，即使雇主願意雇用你，仍然只有約四分之一的機率能夠眞正讓你合法上班，雇主大多不願意承擔這個風險，所以通常會在面試第一階段就詢問你的身分，如果沒有在美國工作的合法資格就會直接剔除了，連進到面試流程的機會都不會有，和你的能力無關。

　　對於大部分非美國人，最直接的解決方式就是透過畢業生的OPT簽證來解決：只要你是從美國高等教育畢業的學士或碩士，都會有一年的時間能留在美國合法工作，如果是科學工程領域的STEM Program學

生，則可以再多寬限兩年。這段期間除了可以工作，也可以去申請H1B工作簽證或綠卡，進一步轉換成更長期的工作資格。

英國在2021年恢復了PSW的制度，概念也相似，畢業生只要能在畢業六個月內獲得公司錄取，就能直接從學生簽證（Tier 4 visa）轉換成工作簽證（Tier 2），對於雇主和求職者而言都是比較簡便的作法。澳洲的485 visa（18個月）、加拿大的PGWP（36個月），都是類似的機制。

這就是花學費買簽證的原理，也是所有人在決定留學之前應該要優先考慮的事情：**這個國家是否提供類似的簽證管道讓你能留在當地工作？**

2.海外輪調型

有的國家對於國際企業會提供特殊的外派簽證，只要你在同公司的海外分公司工作滿一定時間，就能夠透過雇主申請輪調簽證。美國的L1簽證就是最好的例子：只要你在同集團的子公司工作滿一年，就能透過這個方式取得在美國合法工作的機會。這也是許多美國企業對於無法順利申請美國工作簽證的員工常見的處理方式：先外派到加拿大或英國等海外分部一年，一年後再用L1返回總部。需要注意的是，L1簽證是綁定雇主的，也就是你在外派期間無法轉換其他工作，除非你能在這段期間轉換成其他簽證型態，例如直接請公司協助申請綠卡轉換等。

如果你能順利進入一些外商公司，或在海外有分部的本土企業，都是有機會透過這種外派方式前進海外。不過這個管道在台灣同事間的競爭相當激烈，且很容易受到公司政策變化的影響，並不是一個非常穩健的作法，不妨在入職前先打聽看看目標公司是不是有這樣的外派機會再

077 —— 第三章　融入當地（Localize）：讓自己像個本地人

做決定。另一個思路是，先直接用其他方法到同公司的海外分部工作，因為相同外商在不同海外辦公室的轉調政策可能有所不同，這種漸進式的跳板策略，並不失為轉進最終理想國家的一個好方法。

3.直接工作型

只要你是當地缺乏的人才，有的公司也願意直接幫你申請工作簽證。撇開像美國這種申請機會只有一年一次的國家不談，像日本、新加坡這些地區，雇主直接申請工作簽證的流程並不繁瑣，也沒有太嚴苛的名額限制，這也是為什麼近年有越來越多的日、星公司直接來台徵才。歐洲也有很多國家的雇主願意直接替國際人才申請工作簽證，例如荷蘭、德國、瑞典等。這個管道比較需要注意的是薪資門檻，以荷蘭和新加坡為例，不同薪資能對應申請的簽證類型會有很大的差異，是簽約前必須要額外注意的。

這些地區也會是很好的跳板區域：因為並非所有國際企業在台灣都設有分公司，如果能先透過前往這些容易取得工作簽證的地區，再跳槽到大型國際企業，就能配合海外輪調型簽證轉進最終的目標國家。

地區專屬的簽證類型

1.找工作簽

有些國家有提供特殊的求職簽證，俗稱「找工作簽」（job seeker visa, JSV）。以德國為例，只要你能提供動機信、英文履歷、學歷和工作證明、語言能力證明、及德國公司的面試邀請函，就有機會取得為期六個月的找工作簽（Arbeitsplatzsuche），這和德國畢業生18個月的學

生轉換型簽證有所不同，是對所有人都適用的[3]。

而荷蘭也有類似的簽證，叫做 Orientation Year Visa[4]。條件比德國稍微嚴苛一些，除了制式表格之外，你還需要近三年從世界排名前200名的學校取得碩士或博士學位的人才符合資格，而此簽證的效期為一年。台灣也有一些院校符合資格，實際的認定標準和學校排名每年都會有變化，可以直接上網查詢即時資訊。

2.建教合作簽

概念類似學生簽證，差別是期限更短，能夠更快開始進行全職工作，取得方式有時候是證照而非學位，比較適合有工作經驗的人，用低成本模式進入特定地區。此類簽證通常沒有名額和年齡限制，也是優勢之一。

加拿大的打工遊學簽（co-op）是其中最知名的例子[5]。只要申請到符合資格的建教合作課程，就能在學修習6～12個月，並取得6～12個月的工作簽證。在學期間可以進行每週20小時的有薪實習，而畢業後則可以直接進入當地職場工作。這段期間如果能取得雇主信任，也可以同步進行後續工作簽證的申請。美國的CPT簽證則是類似的模式。

3.打工度假簽

最後的重頭戲就是打工度假簽證了。大家千萬不要只把它當成是用勞力換取報酬，或是單純出國放空的選項，事實上，對於沒有留學經驗的朋友，這是最友善的合法工作簽證，與台灣簽署互惠打工度假協議的國家很多，包含英國、澳洲、加拿大、日本、德國、法國、比利時等十餘個國家。簽證申請方式也很單純，多半只要年齡在30歲以下並上網繳交相關文件即可，因為名額限制，不同地區的中籤率大概約在25～

50％之間，簽證長度則從6個月到2年不等，大部分會有只能爲單一雇主工作3～6個月的期限限制。

既然期限不長又有雇主限制，怎麼會是一個好簽證呢？事實上這也是本章想要提到的最大重點：**很多時候最難的不是申請工作簽證本身，而是找到願意幫你申請簽證的雇主**。不管是工作簽、建教合作簽，還是打工度假簽，這些簽證都給你一個先爲當地雇主工作的機會，有了3～6個月的信任基礎，雇主雇用到錯的人的風險已經大幅降低，只要你符合工作期望，各地的雇主也都會很樂意替你申請工作簽證的。

這種由打工度假再轉正的案例在英國和澳洲的成功故事族繁不及備載，關鍵是你從第一天開始就得抱持著找到正職工作的心態，而不是度假的心情前去。如果雇主因爲沒有替外國人申請簽證的經驗而不願辦理，你可以更加主動，自己扮演人事的角色替雇主跑簽證流程，這種對老闆而言毫無負擔的好事，他們又何樂不爲呢？

這其中最值得推薦的是英國打工度假簽（Tier 5, YMS）❻。不只有兩年的長效期，而且也沒有任何雇主限制，換句話說，你可以利用這兩年來尋找正職工作，打開整塊歐陸職場的大門。我當初就是透過這個方式成功在倫敦著陸的，每年一千個名額，又有一年兩次的抽籤機會，只要線上寄一封email就能申請，三十歲之前都能持續送件，如果你還年輕，有什麼理由不去試一試呢？

小心年齡的門檻

很多人都會勸年輕人要趁年輕出國，這是眞的：你能越早看見世

界，就能越早打開視野，那是你開始會自己的人生做出選擇的養分來源。通常在35～45歲的這段時間，也是家人最需要你的時刻，不管是年邁的父母、剛出生的兒女或是尋覓中的另一半──意味著你能在世界遊蕩的自由度也會漸漸遞減。更可怕的是人性本質的比較心理：不管你是在職涯上領先還是落後的，都很難不去關注其他同儕的近況，然後再回頭給自己一個不要冒險改變現況的理由。

除了這些社會性因素之外，年齡對於簽證也是一個硬生生的門檻。如同上述，多數打工度假簽有30歲以下的年齡限制。而在很多英語系國家，工作和居留權採用積分制的計算方式（Point-Based System, PBS），積分項目裡頭有一項就是年齡：年齡越高的人積分越低，也就越難取得簽證。荷蘭則是對於不同年齡層的工作簽證申請者，設有不同的最低薪資門檻，年紀越大門檻越高。站在該國政府的觀點，他們當然希望國家吸引到的是年輕的勞動力，而不是潛在的老年福利制度使用者。所以如果你也有個出國夢，別再裹足不前了，現在就帶著勇氣出發吧！如同海明威說的：「如果你夠幸運，在年輕時待過巴黎，那麼巴黎將永遠跟著你，因為巴黎是一席流動的饗宴。」但願你也能找到自己的巴黎。

如果你恰好已屆青壯年代，辦法也還是有的。不論是加強自己領域的專業能力，成為被國際獵頭獵捕的高階人才，或是選擇一個正在起飛、自己也有興趣的產業，留學之後再砍掉重練，都是可以找到出國工作機會的正規方法。怕的是回頭看看自己的人生時，最大的遺憾是沒有嘗試過。

這個篇章的最大目的不是仔細窮舉每一個國家的簽證細節，讓你可以直接進行手把手地操作。我想要揭示的是：**你手頭擁有的選項有哪**

些，**甚至是那些可能不曾想過的選項**。同一個國家的簽證制度每年都會有變化，而世界有近兩百個國家簽證流程也各不相同，雖然本書不可能包含全部細節，不過跨越地區的簽證邏輯都是相同的，你可以透過本書提供的關鍵字，從目標國家起始，自行上網取得最新的簽證規範。

如果你能預先準備好怎麼解決簽證問題，就可以讓自己和當地人處在相似的起跑點上，大幅增加找到海外工作的機會。如果最終必須仰賴雇主提供簽證，就必須更專注在強化自己的專業能力：**可以是世界頂尖的專屬能力，也可以是全球短缺的工作技能。**

你可以試著從下面的檢核表開始，在橫軸列舉自己的目標國家，逐一補上該年度的簽證類型、優勢和限制條件，做為出國之前，選擇目標國家及出國途徑的依據。

	美國 (例)	英國 (例)	日本 (例)	…	…
通用型					
學生簽	F1	Tier 4 (學費便宜)			
配偶簽	V	V (partener 也可)			
技術簽	O1 (博班?)	Tier 1	高度人才簽		
創業簽	V	V			
雇主擔保型					
學生轉換簽	OPT(STEM 36月)	PSW (2 年)			
海外輪調簽	L1 (分公司一年)	Tier 2 (同工作簽)			
直接工作簽	H1B (要抽籤, 4月)	Tier 2 (雇主贊助)	技能、技人國簽		
地區專屬型					
找工作簽	N/A	N/A			
建教合作簽	N/A	N/A			
打工度假簽	只有暑期	YMS (30, 2 年↓)			

3-2 你可以鎖定目標國家，建立一張專屬自己的簽證備忘錄，列舉出可能的簽證方式。

3.掌握外語：以多益金色證書為目標是一個好策略嗎？

TO DO

☑ 試著和5個外國人開口說外語。

☑ 每天晚上，試著用外語重新模擬早上的日常對話。

我在英國的第一份工作是在泰晤士河畔的黑衣修士橋附近，午餐的選項不多，有一個同事總是會揪團步行十五分鐘走到另一端的滑鐵盧站覓食，一切只為了他鍾愛的Subway。這種對於美式三明治的執著並不常見，於是我變成他唯一的夥伴，本來心想速食店點餐應該再簡單不過，但是第一次點餐的時候我就窘了。

「I am going to have a BMT. What about you?」同事David問。

「什麼是BMT呢？」我心想。照片上看起來有很多火腿，但是又和另一個標註Ham（火腿）的品項不一樣。安全起見，選個雞胸吧。「Turkey Breast.」（火雞胸肉）我說。第一關過了。然後進到配料時間，店員問David想要加什麼，「起司和青椒，番茄來一點，不要橄欖，酸黃瓜好，然後多一點萵苣。」David用英文說。那個語速太快了（對英文有自信的讀者可以試著立刻翻譯看看），我當下的翻譯完全來自於目視店員夾了什麼料進去，而無法意識到每一個配料的正確英文講法。「What about you?」店員問我。

關鍵時刻。我當然也可以隔著壓克力板指著自己要的配料加進去，但剛開始上班的我實在不想在同事面前丟臉，便臨機一動地說：「I'll have it all.」（我全都要），過了第二關。然後是醬料，店員又講了一大串我聽不懂的名詞，美乃滋和BBQ醬我聽得懂，無奈這兩種醬我都不喜歡，在David選完之後，店員又再次問了我要什麼。這次實在不可能說我全都要了。「Same.」（跟他一樣）我說。乾淨俐落地過了第三關，不過唯一的問題是：我並沒有很喜歡火雞肉大雜燴鄉村醬三明治啊！

　　以學生時代的考試成績來說，我對自己的英文程度還算有些自信，但是面對招募人在電話裡問「How are you？」的時候，我一開始也只能制式地回答：「I am fine. Thank you, and you？」輔以電話另一頭尷尬的笑聲。對照組是我剛到英國時遇到的義大利室友。他在英國生活一陣子了，據他本人說剛到倫敦念書時，雅思成績只有四分，講英文的時候，充斥著顛三倒四的文法，但是他說的話遠比英國人還容易能讓我理解。他還充當二房東的角色，負責和我們的房東溝通其他生活需求，從暖氣、電視費、網路到鄰居的吵鬧聲，很多英文的說法，我都是聽到他的描述方式之後，才驚覺原來可以這麼說。如果純以考試成績來說，我相信自己的英文程度不會比他差，但是為什麼他能夠自在地用勉強堪用的英文和各族裔的人有效對話，我卻連點餐都感到困窘呢？

關於英文檢定的迷思

　　問題就在於「溝通」。一般台灣人想要加強自己的語言能力時，常常採取把求學以來在英文課學到的方法重新走過一遍，就好像過去英文不好的主要原因，純粹是當初上課不夠認真，所以聽不懂對話就去背單字，寫不了email就去學文法，比較上進的人甚至會重新用「考試引導

學習」的老方法，去報一個像試多益的英文檢定考，逼自己念書，準備的方法則是去買考試專用的參考書來練習。

可惜透過這種方式學習到的，終究只是英文考試的技能，而非英文溝通的能力。因為語言最大的目的是能夠傳達意思，而人與人之間的溝通從來就不會是閱讀文字的選擇題，而是得透過開放性的說和寫來讓別人理解你，有時候甚至能用非語言的手勢和語調來達到溝通的效果。在開放性的情境下，寫錯一個字或說了一段錯誤文法有可能會造成對方誤解，但還不致於到完全不能理解的程度；反過來說當別人問你問題時，你無法開口；當別人寄 email 給你時，你也無從應對，自然就會降低別人和你溝通的意願，也就失去交流的機會了。

你可能會想：「對，我知道檢定成績和我的英文實力沒有必然關係，但如果履歷上沒有放個英文證照，雇主難道不會因為不確定我的英文程度就跳過我的履歷嗎？」但是實情是：**以英文為母語的人，大部分並不知道英文有哪些檢定考試，就像你可能不清楚中文有哪些檢定考試一樣**。而多益比起其它留學用的托福或雅思又更不具國際指標性，所以以拿到多益金色證書為目標的作法，其實對於出國工作而言，是完全沒有意義的，金色證書也許用來找國內工作還比較有用。

對於雇主而言，要了解你的語言能力只要做兩件事就可以驗證：觀察你履歷上的用字遣詞，然後實際撥一通電話給你即可。如果你的履歷看起來完全沒問題，跟你在電話中談話也都能溝通無礙，即使你沒有英文證照又如何？頂多就是和當地人一樣而已！

這點在其他地區可能會有差異，以日本為例，日本語能力試驗 JLPT N2 常常會是跨國雇用的一個門檻，歐語區則多以歐洲共同語言參考標

085 —— 第三章　融入當地（Localize）：讓自己像個本地人

準（CEFR）的 B2 做為工作標準。

　　從這個角度來想，就可以清楚知道怎麼樣的英文程度才夠格出國工作了：只要能寫出一份正式的英文履歷、能夠和招募人進行一場五分鐘的電話面試即可。履歷的撰寫我們會在下一章討論，而要能和母語人士閒聊的訓練重點，就是讓自己能順利地「用英文溝通」。

　　因為自己也是過來人，我深知在同樣教育體制下成長的人，最難克服的英文溝通門檻無非以下三點：別人說話太快有聽沒有懂、即使聽懂了也怕說錯而不敢說、即使終於鼓起勇氣說了，卻還是無法擺脫課本的制式句型。這三件事是可以依序訓練與練習的。

聽力跟不上

　　現行的學校英文教育非常不重視聽力這一環，為了平衡城鄉公平性的理由，大考也多半不考聽力，實際造成的結果就是從國小到大學，六年多的英文學習過程裡，一般台灣人可能都沒有好好聽過幾次英文。又因為台灣影劇對於字幕的依賴，我們即使在看電影時，常常只是把片中人物的對話當成背景音效而已。

　　要解決這個沉痾的方法，就是**刻意去聽**。在準備托福考試時，我曾聽過一個方法叫做「聽力重訓」❼。核心概念就是用略快於你可接收的語速聽英文，試著在聽完一段話之後，用自己的話做總結，自言自語地說給自己聽，然後對照音檔的逐字稿來查驗自己漏掉的訊息和字彙，最後再重新聽一遍，並進行跟讀（shadowing）。只要能找到總長 1～3 分鐘附有逐字稿的音檔，選擇可以調快播放速度的播放器，就可以每天進

行半個小時左右，兩到三組的訓練，就和做重量訓練一樣：選擇略微超出自己肌力的負重規律訓練，就能逐漸看到效果。

這個步驟的檢核點是你能不能掌握80%左右的聽力內容並進行總結。可以的話就調快速度，不行的話就調慢速度。如果都跟得上但無法抓取重點，則可以在每天的訓練中加強抓重點語句的練習，直接覆述逐字稿中，每個段落的第一段話——那通常也是每個段落的重點句。

至於音檔的選擇，可以用短篇的新聞節錄或科普新知當起步，我當初使用的就是Scientific America的60 Second Science Podcast，因為它夠短、夠快、訊息量夠多，也容易抓重點。在Podcast數量暴增的現代，你也可以選擇自己比較有興趣的主題，試著用上述的方法刻意練習。

不敢開口說

不知道你是否曾有一遇到英文母語人士就腦子一片空白的經驗？明明可以理解對方訊息，卻常常在心裡組織了很久而不敢吐露。不管是怕多說多錯還是單純找不到合適的字詞來反應，這種情形其實在東亞教育系統也很普遍。主要原因和聽力類似：在我們從小到大的學習經驗中，需要開口說英文的機會實在太少了。在學校課堂裡最多就是跟著唸課文，如果是對話型的練習也就是兩個同學按照句型唸著：「How are you？」「I am fine thank you and you？」如果偶爾真的被老師點起來說，也常害怕多說多錯而盡量只用短句或照本宣科。

更致命的問題是，我們的英文教育還是以背單字為主軸，測驗的方式是你能不能把一個單字拼對，而不是說對。所以有的人會用諧音中文

087 —— 第三章 融入當地（Localize）：讓自己像個本地人

的方式死記英文單字，像是把 alone 當成「耳聾」來聯想。比較聰明的人甚至會刻意把單字唸錯，以求把單字拼對，像是 possible 可能就會故意唸成「趴西波」而不是「趴色波」，避開i變音的問題。這樣對於背誦單字是有幫助的，但對於溝通卻沒有，因為對方不見得能完美轉譯你的發音邏輯，當對方不能理解你努力講出的話時，你就會更容易陷入習得無助當中，更加不敢開口。

這個問題的解決方法也很簡單，去參加英文讀書會即可。只要是純台灣人組成的口說練習讀書會就足夠了，或是像 ToastMaster 這種公開演說的社團，不必非得要是有母語人士參與的活動。有的人會說參加這種讀書會沒有效果，因為都是非母語人士，就算說錯了也沒有人會糾正你，大家可能也都會用類似的錯誤方式溝通表達。那確實是有可能會發生的情況，但那也正是這種讀書會的優勢：**沒有人會因為你的文法錯誤或口音來質疑你**。我們的目標是讓自己克服心理障礙、敢開口說，能有一個放心的環境，才不致於怯步，在每次討論的過程中，你也會漸漸發現有的主題你能自然地聊，有的主題你卻總是卡卡的，那就是自己可以加強單字和語句的環節。等到你真的不怕和別人說英文了，大部分的想法也都能自然用英文直接表達出來的時候，再去找英文母語人士調整也不遲。

不會日常對話

如果你觀察自己每天和朋友、家人的日常對話，會發現對話常常是短句構成的。

「欸，上次怎樣？」「不錯啊。」「是喔，有排到甜甜圈嗎？」「超棒，而且超便宜。」

「吃飯囉！」「今天吃什麼？」「有肉、有菜、有湯，都是你喜歡的。」

這其實就是日常對話的核心，沒有文法、沒有完整句，但是你能夠理解。不過這些偏偏也是英文課本裡比較少提到的，以致於只要切換成英文腦，我們就會想要複製課本裡那些完整句和艱難字詞，忽略掉點餐、打招呼、閒聊這些最基本的對話元素。

解決的方法有三個：

- **重新從基礎開始**：不要因為自己英文檢定高分，或者能夠閱讀外文文章就覺得自己已經程度不錯，應該要加強中高階的英文訓練。正好相反，可以試著重新翻翻書店裡給小學生，或者給英文初學者的練習書，這些資料的特色簡單又能表達意思，通常就是你足以用來日常對話的內容了。這個部分我也很推薦使用Duolingo這個免費的App來練習，從基礎開始，讓自己每天練習一點點，有音檔的部分就跟讀，然後閉上眼睛試著用聽的而不要看的，理解每個短句的意思，很快地，你的基礎就會重新建立起來。使用這類語言App的關鍵是每天練習，即使只是每天五分鐘，也會讓你逐漸累積起發音和反應的習慣，效果遠比一週一次

的課程還要好。

- **每天試著翻譯自己的日常對話**：你可以試著回想看看今天說了什麼話，然後重新試著用英文講一遍。有沒有你不知道的單字？有沒有你不知道該怎麼表達的情境？多練習幾次，會漸漸發現自己比較不熟悉的詞類，有可能是吃飯時會用到的字、有可能是和朋友打鬧時的句子，也有可能是去便利商店結帳時的互動。試著翻譯開頭的那兩個情境，先別往下看，你會怎麼翻譯呢？

「Hey how was it?」

「Not bad not bad.」

「Alright, you've got those donuts?」

「Oh yeah! They are awesome. Super affordable!」

「Guys, it's lunch time!」

「What do we have?」

「Pork, veggies, soup. All your favorite stuff.」

這種完全不考慮文化背景的句子，母語人士未必會這麼說，說出來有時候甚至讓人覺得很可笑，但即使是這種短句和不一定正確的文法，也一定可以讓對方理解並構成對話的，這就是日常。

- **看日常影集**：找兩三部自己喜歡的影集，最好是時裝劇，那是理解文化脈絡和對話情境的寶庫。不要選太奇幻、太古裝的，也不用追求全部都能看懂，但一定要注意觀察每一個場景的開頭，演員都是怎麼互動的、他們又說了什麼。通常是很簡短的開頭，而那些常常就是課本不會教，卻又每天都會用到的詞句。只要積累

一段時間，搭配你對他們互動時的影像，你會發現自己漸漸也能發揮人類模仿的本能，不被文句本身限制住，而是真正專注在互動的本質。

這一章雖然是以英文為例，其實學習其它語言也都可以採取同樣的作法。如果你的目標職缺需要英文以外的外語，不妨從Duolingo開始，照著本章的方法慢慢練習，透過線上語言交換或教學平台，或者去大學周邊或其他外國人較常去的場域，直接和母語人士聊聊看吧！

這是一個需要時間累積的過程，回想自己成長的經驗，你已經學了一輩子的中文，英文從國中起算到大學畢業，至少也學了十年，第二外語要能夠達到英文的程度，同樣不太可能一步到位。反過來說，現在你已經意識到以前學習英文的盲點，也不必擔心自己是不是英文不好就不可能學好第二外語，**把握「溝通」這個重點，先從使用外語對話開始練習吧！**

4 跨出國際 (Internationlize)：
讓自己被世界看見

　　讓自己像本地人只是達到了和本地人一樣的
門檻，若要獲得工作機會，必須讓自己能被雇主看
見。要訣在於用對關鍵字，建立對應關鍵字的履歷
和LinkedIn。

1.撰寫履歷：丟掉自傳，為自己 寫一份通行世界的一頁式履歷

TO DO

- ☑ 建立屬於自己的一頁式美式英文履歷。
- ☑ 建立另一版目標地區的專用履歷。
- ☑ 建立自己的求職信模板。

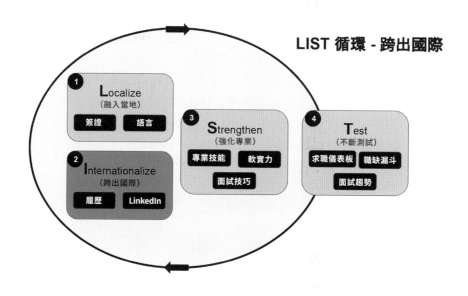

LIST 循環 - 跨出國際

① **L**ocalize（融入當地）：簽證、語言

② **I**nternationalize（跨出國際）：履歷、LinkedIn

③ **S**trengthen（強化專業）：專業技能、軟實力、面試技巧

④ **T**est（不斷測試）：求職儀表板、職缺漏斗、面試趨勢

　　每個人為自己寫第一份履歷的時間都不相同，我是在大三決定不走學術路線之後，才開始思考履歷該怎麼寫。網路上的資訊五花八門，每個人的說法都莫衷一是，有的人說千萬不要做一份和大家都長得一樣的履歷，這樣才能突顯自己的特色；有的人則說直接用人力銀行提供的制式表格最好，降低人資的閱讀負擔；有的人說應該要把你的重點特色擺

在前面，因為一份履歷平均只會被掃描十秒鐘；有的人則說直接照時間順序排才是正解。

　　不過我真正的困擾是：究竟要寫什麼？沒有社團經驗也沒有實習經驗的我，能夠填進履歷的內容實在少得可憐。也是因為意識到這件事，我開始認真參與各類活動和社團，克服內向的個性，主動承接起一些幹部的責任，甚至利用畢業到當兵這段空檔，去找了份賣場促銷的工作，之所以要逼自己離開舒適圈，都是為了讓工作經歷的區塊不至於留白。

　　至於哪一個格式才是對的呢？我決定直接用試的：如果能夠拿到面試機會，就表示履歷可以了；如果拿不到，就表示還有修正空間。

　　也因為為自己設定了一個拿到管理顧問業面試的高標，我從一開始就逼自己寫英文履歷，反而是在英文履歷撰寫的過程中，我才反向找到撰寫中文履歷的要點。當我最後以外系路人之姿，成功拿到麥肯錫的面試邀約時，就知道自己已經成功找到能用的履歷表了，後續幾年的履歷也都沿用同樣的格式，只針對職務內容修改，同樣的結構到我去英國找工程師的工作時也都適用。以下提出的結構是我這幾年來提煉出的有效方法，也許能夠幫你少走一些彎路。從我的故事中，也可以發現一些在動手寫履歷前可以注意的事項：

　　1.英文優先：直接從寫英文履歷開始，別拿中文履歷反向翻譯。

　　2.以終為始：檢視自己現有的履歷，缺乏的經歷就先去補起來。

　　3.設定高標：只要拿到夢想公司的面試，就別再頻頻修改格式了。

履歷的常見迷思

很多人以為履歷存在的目的是讓你獲得一份工作，但其實**履歷並不能讓你獲得工作，它只能讓你獲得面試機會！**換句話說，如果現有的履歷已經讓你能夠順利進入面試關的話，就不該再浪費時間打磨履歷了，把時間投資在培養實力和準備面試才是重點。

反過來說，你如果已經求職很長一段時間卻總是得不到面試機會，很有可能是該進行履歷健檢的時刻了。

履歷格式應該要能夠吸睛？

履歷會是素昧平生的招募人對你的第一印象，而招募人實際閱讀每份履歷的時間平均只有7.4秒❶，因此讓對方能夠在短時間內對你產生好印象，並確認你符不符合面試資格，就是履歷的重點。

該怎麼做呢？**用簡潔的排版減少對方的認知負擔，用常見的順序讓對方便於瀏覽即可。**標新立異也許真的能讓你被注意到，但並不保證那會是好的第一印象，所以除非你應徵的是平面設計相關的職缺，或者職缺說明一開始就有要求你發揮創意，用業界最常見的格式會是最有效的作法。

那麼什麼是常見格式呢？不同產業或不同地區可能略有不同。舉例來說，履歷上要不要放大頭照？志在尋找海外工作的朋友可能很早就聽說過，國外為了避免種族歧視的疑慮，會傾向不放大頭照，你如果刻意放上大頭照，甚至有可能會讓履歷直接被丟進垃圾桶，因為雇主不管錄

不錄取你，都有在未來被投訴的風險，在英美國家放上大頭照甚至是違法的。

　　但是你知道嗎？如果是專門針對德語系國家的履歷，你不只應該放上大頭照，甚至連服裝、攝影角度和表情都有潛規則，只要上網搜尋 Lebenslauf（履歷的德文）即可看到大量範本。這點在找日本工作時也是類似的，一份合格的履歷書，除了笑得不能太過頭的大頭照以外，常常還需要同時包含「志望動機」等附屬文件❷。如果你已經決定好地點，不妨就以「目標地區＋履歷」做爲關鍵字，另外參考地區專屬的常見履歷格式。

履歷應該寫幾頁？

　　履歷應該要寫幾頁才好？有人會告訴你：永遠以一頁爲原則，至多寫兩頁，除非你是論文滿盈，或已在業界累積十多年經驗的資深大老。

　　這個原則如果是討論美式 resume 時並沒有錯，但如果是英國更常說的 CV（curriculum vitae），也有的雇主會質疑你的 CV 是不是漏了什麼資訊，怎麼會只有一頁？這種把履歷當成小論文，需要很多頁才算完整的觀念，在學術圈和歐洲職場都很常見。

履歷的讀者是面試官？

　　另外還需要釐清的重點是：**這份履歷究竟是給人看的，還是給機器看的？**不知道你有沒有想過，當你把履歷上傳到資料庫之後，招募人要

如何看到你的履歷呢？其實他們也是用搜尋的。

在比較熱門的公司和職缺，每一個職缺申請人可能成千上萬，這時候系統內部的履歷解析軟體，或者較先進的求職追蹤系統（Application Tracking System, ATS）就能發揮功用。這類軟體的主要作用，就是把每一個求職者分類建檔，透過解析履歷裡的技能關鍵字和公司名稱等資訊，方便招募人在系統內進行搜尋追蹤。招募人能夠即時看到每一個職缺目前的應徵人特徵和數量，比較先進的也可以分析求職者過去的投遞歷史。

換句話說，當你的履歷只照顧到人的需求，而沒照顧到機器的需求，沒有列出足夠的產業關鍵字，可能就不容易在資料庫中被「撈」出來。所以如果你使用特異的軟體格式，讓軟體無法分析，你精心設計的客製化履歷最後可能連被「人」看到的機會都沒有！

市面上專門寫各地區履歷的書已經很多，針對不同情境製作客製化的履歷也不是本書的重點。回到履歷存在的意義，**它的目的終究只是讓你獲得面試**。所以如果有一種通用的履歷格式已經能讓你獲得足夠多的面試機會，那麼再投入更多時間針對每一份職缺去客製化履歷，其實是非常沒有效率的事。你要做的事情永遠都只有：**確定好目標國家和職缺、搜尋對應的常見履歷格式，然後開始嘗試，用試誤的方式，找到最符合當時目標職缺的履歷**。如果現有的版本沒有效果，那就多花點時間進行客製微調；如果已經能取得大量面試機會，那就繼續使用現有的版本吧！

話說回來，有沒有跨地區、跨職種通用的履歷撰寫原則呢？如果我想要製作一份能夠投遞到全世界的英文履歷，該怎麼起步呢？

基本原則：一頁就好、倒敘條列、建立履歷母本

John Snow

Taipei, Taiwan, 11267 · +886-912345678 · john.snow.tw@gmail.com
LinkedIn: www.linkedin.com/in/johnsnowtw

EXPERIENCE

Jan.2019 - Present	***Stark's Software*** **Business Development Manager**	**London, UK**

- Led the new business setup in 2 regions (Philipines / Vietnam); expanded the team size from 0 to 12 respectively
- Built the customer engagement playbook; increased the Net Promoter Score by 15%
- Drove the feedback analysis from regional clients; discovered the new sales opportunities in rotation planning and increased the monthly sales by 56%
- Awarded as Top Sales of the year (top 1% of the total employees)

Jul. 2015 - Nov. 2018	***SuperPower Inc.*** **Senior Account Manager** (Jan. 2017 – Nov. 2018)	**Hsinchu, Taiwan**

- Streamlined the account management process; reduced the time-to-close by 15%
- Increased customer life-time-value (LTV) through module bundling; increased monthly revenue by 34%

Account Manager (Jul. 2015 – Dec. 2016)

- Maintained the report of customer visits; discovered high-potential lead by 12%
- Won 10 more new accounts in the first year (25% higher than the company average)

Sep.2013 - Jun. 2015	***King's Landing*** **Account Manager**	**Taipei, Taiwan**

- Lorem ipsum dolor sit amet, consectetur adipiscing elit, sed do eiusmod tempor incididunt ut labore et dolore magna aliqua. Ut enim ad minim veniam, quis nostrud
- Ullamco laboris nisi ut aliquip ex ea commodo consequat. Duis aute irure dolor in
- Reprehenderit in voluptate velit esse cillum dolore eu fugiat nulla pariatur. Excepteur sint occaecat cupidatat non proident, sunt in culpa qui officia deserunt mollit anim id est

Jan.2012 - Jul. 2012	***The Wall*** **Sales Representative (*Intern*)**	**Singapore**

- Lorem ipsum dolor sit amet, consectetur adipiscing elit, sed do eiusmod tempor
- Incididunt ut labore et dolore magna aliqua. Ut enim ad minim veniam, quis nostrud
- Exercitation ullamco laboris nisi ut aliquip ex ea commodo consequat. Duis aute irure

EDUCATION

Sep.2011 - Jun. 2013	***Qwerty University***	**Taipei, Taiwan**

- **M.S. in Biostatistics**; GPA 3.8/4.0
- Paper on Climate Change and Social Impact (presented in UNESCO)
- Lorem ipsum dolor sit amet, consectetur adipiscing elit, sed do eiusmod tempor

Sep.2007 - Jun. 2011	***Qwerty University***	**Taipei, Taiwan**

- **B.A. in Business and Management**; GPA 3.8/4.0
- Vice Director of Student Association in Biology Department

ADDITIONAL

- Languages: Mandarin (native); English (fluent); Japanese (JLPT N3 passed)
- Technical: SQL, Excel VBA, Tableau, Salesforce Sales Cloud, Hubspot CRM
- Volunteers: Teach for All summer camp (2016)
- World travelers (15+ cities); Open Water Diver (PADI OW)
- Lorem ipsum dolor sit amet, consectetur adipiscing elit, sed do eiusmod tempor

4-1 一頁式美式履歷的常見格式示意圖（經歷內容純屬虛構）。

每一份履歷實際上會被閱讀的時間只有短短幾秒，這對於世界各地工作繁忙的招募人來說都是相同的。也因此，精煉的一頁式履歷永遠會比多頁型的履歷通用。如果你只打算寫一份履歷的話，建議可以直接從一頁式的美式履歷起步。

這種一頁式的履歷通常是依到職時間，**採用倒敘法的方式呈現**，時間最靠近現在的職務放在履歷的上半部，比較早期的工作則放在履歷表的下半部。即使是你特別想要凸顯的經歷，也不該跳脫時間順序任意往上拉。我們可以用履歷上的「職涯目標」這個區塊，或者額外的求職信來強調你的亮點。每一段經歷的內文，應該使用條列式的方式呈現，把重點放在你做的事和達成的成果，不要用散文的方式書寫細節。隨著工作資歷的累積，你的履歷很可能會漸漸塞不進一頁的篇幅。這時候預留一份履歷的母本（master version）就會是一個實用的作法：**你可以寫一份不限篇幅長度的履歷當作母本，每次有新的職務或專案達成新的里程碑時，直接化成文字加進母本當中，形成一個新的條目。**當目標職缺出現時，再直接複製一份母本，重新刪節成符合這次求職目標的一頁式版本。

必備資訊：聯絡方式、工作經歷、學歷、技能與其他

一份一頁式履歷由上而下主要會分成四個區塊：基本資料、工作經歷、學歷、技能和其它。

1.基本資料：

基本資料包含了姓名、住址、電子郵件、電話四項資訊。一份標準履歷應該以你的姓名為標題，不必再加上 Resume 這幾個字。有的人會

糾結於姓名應該使用中文姓名的漢語拼音，還是後來取的英文名字，爭論的核心常常和求職無關，而更關乎個人認同。這其實是非常個人的選擇，你完全可以依照價值觀去做。如果站在實用性的觀點，沿用外文名字會有兩個好處：

- **你比較容易被當成在地人**：從姓氏可以看出族裔，但是你也可以觀察到，許多國際上華裔的後代名字通常會使用當地常見的名字，和國籍無關。Zappos的創辦人謝家華Tony Hsieh、NBA球星林書豪Jeremy Lin，都是很好的例子。

- **外國人會比較容易叫出你的名字**：台灣目前主流的中文姓名翻譯使用威妥瑪（WG）拼音，對於外國人其實並不容易發音。有興趣理解你的文化背景的人，即使學了，也很容易唸成你不認得的發音，而沒興趣理解不同文化的人，會很容易連你的名字也記不得。有的人會選擇同時標註兩種姓名，如Chien-Min（Tiger）Wang；又或者直接使用名字的首字縮寫當成英文名字，如CM Wang，這也都是兼顧個人認同與通用性的做法。

- **電子郵件會是招募人主要連繫你使用的管道**：請注意應使用專業的信箱名稱，切忌使用混入生日數字、亂碼或其他會有不當聯想的英文單字做為帳號。舉例來說：

不佳：johnny19801010@yahoo.com、haiyahahaha@gmail.com

較優：john.snow@gmail.com、cmwang@hotmail.com

住址的重點是標註出你的所在地區，可以簡單用「城市・國家」註記即可，不一定要寫出完整的住址。電話則建議使用加上國際碼的版本，以台灣為例，國際碼是+886。

2.工作經歷

工作經歷是履歷中最核心的部分，如同前述，應該按照時間順序，由近而遠地將每一段經驗寫成一個個獨立的文字區塊。每一個區塊應包含的資訊有：

- **在職時間：**以年分為主，年資較淺時可以加註月分。

- **公司名稱：**如果是跨國公司，可以在後面加註所在的城市與國家。如果是名氣比較小的公司，也可以在公司名稱下方加註公司簡介，讓招募人更容易理解你所待的產業和公司狀況。

- **職稱：**抬頭可以以實際執掌的工作內容為主，不一定要是公司人資系統內部的抬頭。舉例來說，你想要找的是前端工程師的職缺，但是現職的名稱是軟體工程師，你就可以用比較便於招募人理解的方式來填寫，最好的方式是直接改用目標公司常用的職稱，增加自己的履歷與對方職缺的關聯性。在新創企業有時候一人身兼多職，也可以同時列出多個抬頭，適當地用斜槓隔開即可。

  這裡要注意的是職稱仍應該以合理的對應為主，不應做不誠實的改動。比方說有一陣子 Product Owner 這個頭銜很流行，但在目前風潮又吹回 Product Manager 這個稱呼了，你可以合理使用 Product Manager 做為你的職稱，因為執行的業務內容是一致的。但如果你直接改動職級為 Product Director，或者改動執掌為 Strategy Consultant，那就是明顯的造假了。

- **條列成就：**列舉你在該公司的負責的職務和達成的成就。依據個人工作經驗的多寡和目標職缺的相關程度，每段經歷可以列出 3～6 個條目，比較早期的經歷則可以直接移除，或只留公司名稱

和職稱即可。

條列成就這個部分也有幾個關鍵點，最重要的就是**成果導向和業界關鍵字**。

應該要多列出你達成的成就，而不只是單純用該工作的職務內容填滿整段話。每一項成就都應該有可衡量的數字做為證明，即使是無法量化的成就，仍要能以可讓人理解的成效做為主軸。一個通用的方式是以「**『行動』；『成果』**」的方式來撰寫條目，分號前面用主動性的過去式動詞開頭，說明你在這段經歷做了什麼，分號後面一樣用過去式動詞開頭說明你達成了什麼。

舉例來說，一個茶飲店的店頭促銷人員的職務內容可能是這樣：

Provided tea advice to customers

套用了「『行動』；『成果』」模板的話，就能更簡練地呈現你和其他促銷人員的差異：

Provided tea advice to customers; **increased the in-store sales**

如果有辦法再加上數字，就更可以讓人理解你的任務規模和優異之處：

Provided tea advice to **1,000 customers per day**; increased the gross in-store sales **by 20%**

關鍵字的使用則是撰寫履歷的另一大重點。如同前面提到的，一份現代的通用履歷需要同時讓人和機器都看得懂，這和網站在進行搜尋引擎優化（search engine optimization, SEO）的概念是相似的。SEO的目標，**就是讓你的網頁能夠出現在搜尋結果頁面上，使用者比較願意點擊的位置**。基礎的SEO會多放一些針對目標客群的關鍵字在網頁上，讓

Google給予較高的相關性權重，你的網站就能出現在比較前面的搜尋結果裡。借用同樣的原理，你的履歷也應該要多放一些目標產業和職務的關鍵字，讓招募人在撈履歷的時候更容易找到你。**工作經歷裡的職稱和業界術語通常是最容易被搜尋的關鍵字**，而那些就是你該大量使用的字詞，至於要怎麼找到這些關鍵字，可以再重新複習一次前一節的內容看看。

舉例來說，如果剛剛提到的促銷人員想要轉職做線上行銷，他就可以將同一段經歷微調一下，增加一些現代電子商務界常用的術語，像是使用者經驗（user experience, UX）、轉換率（conerstion rate）、每月活躍用戶（monthly active users, MAU）等。

Redesigned in-store **user experience** with customized tasting advice to 1,000 customers per day (around 25,000 **MAU**); increased sales **conversion rate** from 5％ to 25％

不一定每一段經歷都要進行這麼浮誇的改造，過度使用不相關的數據和流行字詞有時也會有反效果，但是這裡提到的原則是跨界適用的，簡化來說：**履歷上的關鍵字和術語是讓機器看的，目的是讓你的履歷容易被搜尋到；履歷上的成就和數字則是讓招募人看的，目的是讓招募人願意找你來面試。**

3.學歷

學歷通常會放在經歷之後，如果你是剛畢業或正在留學攻讀新的碩博士學位的學生，可以考慮把學歷放到履歷之前。學歷列點的原則和經歷大致相同，學校名稱對應的是公司名稱，你攻讀的學位則對應你的職稱。如果你的校內成績特別優異，或者曾經得過特殊的獎項和榮譽，都可以加註在學歷區塊裡。至於社團經歷和選修過的課程，建議只放和目

標職位相關的即可，如果已經有多年工作經驗了，甚至可以直接刪減，留下校名和學位即可。

　　台灣學歷在國際職場上並不太知名，所以每個從台灣出發、挑戰國際的朋友都是站在相似的起跑點上的，大家大可不必被學生時代的挫折綁架。事實上除了像劍橋、哈佛、史丹佛等英美國際名校，大部分的學歷只要跨出學校所在的國家就會貶值，這在德語、法語、西語、俄語區也是一樣的，因為雇主在心中很難有客觀的指標和本地學校做類比。即使有一些第三方的世界大學排名如QS World University Rankings可以參考，但對於第一線閱讀履歷的招募人來說，其實意義不大。換句話說，**我們和其他跨國求職者在學歷上並不會差太多**，身為台灣人的我們其實可以更有自信，不必妄自菲薄。

4.技能與其他

　　有的工作會有必備技能和證照需求，這些內容都可以直接放在獨立的技能和證照的區塊中。比方說，工程師必須要會寫程式，那麼列一些Javascript、Python等程式語言在技能欄位就很合理。有的時候工具本身也具有代表性，像是Salesforce CRM（客戶關係管理）、Tableau（資料視覺化工具），這種也可以當成關鍵字來表列。有的證照是跨國適用的，比方說專案經理的PMP證照或網路行銷的Google搜尋廣告認證（Ads Search Certification）等等，也可以主動提出。反過來說，那些**不屬於工作專屬的技能，基本上可以直接忽略不提了**，像Microsoft Office這種基本技能列出來反而會有反效果。

　　如果你有多種語言的專長，這個區塊也會是你可以提到的項目。一般母語會用native表示，工作上可以流利使用的則標註professional或

fluent。如果你有相關的語言證照也可以額外加註證書或成績，像是日文 JLPT N2、法文 DELF C1 等等，這在非英語系國家有時候會成為工作錄取的門檻。至於英文的標註，前面已經提過了，其實有沒有相關證照並不會成為你的瓶頸，因為英文仍是世界的國際語言，招募人不會預設你無法使用英文溝通。實際查核也只要寄一封信給你或撥一通電話過來就能確認了。

興趣和生活小事也是可以額外提到的內容，寫這些的目的是讓你這個人看起來更立體，也讓面試官在和你對談時有額外的話題可以開場或閒聊。這邊很明確地就是給人而不是給機器看的，也不會是面試的焦點，所以以簡短的一行呈現即可，沒有篇幅也可以不提。

隱藏眉角：住址電話、志工經歷、職涯目標

履歷上的住址和電話是一個招募人判斷你所在位置的依據，如同前一章提到的，你的目標是讓自己像個當地人，所以如果能取得目標地區的地址和電話號碼是最好的，有時候這甚至會是左右你是否能拿到面試的關鍵。地址只是一個制式的欄位，並不會有雇主真的透過履歷上的地址與你連繫，所以可以單純留下目標城市和國家即可。至於國際門號，很多旅行社都有提供其他國家的旅行電話卡，你也可以去買一張卡來使用，或透過 Google Fi 這種跨國通訊服務來取得國際電話門號。但相對地址來說，電話號碼是比較細微的優化，並不是非改不可。有的地區或產業的招募人習慣直接透過電話連繫，即使是 +886 的台灣號碼也常能接到國際獵頭直接來電的，這是經過許多人驗證的親身經驗。

　　志工經歷則是另一個很容易被忽略的細節。國外雇主其實很看重求職者的志工經驗，因為這代表了這個人的動機，也常常是確認文化契合度的指標。我每一次拿到工作錄取通知時都會詢問老闆，為什麼願意雇用我或找我來面試？我也不只一次收到「因為你做過很多志工，看起來像個好人」這樣的回饋。這不是要你去偽造志工經歷，或從今以後以非營利組織為志業，但不管是你學生時代的服務性社團經歷、社區志工經驗或實際在社群擔任活動義工，都會是很好的著力點。如果你不曾有過任何志工經歷，不如現在就主動關懷一下社會吧，你會發現得到的比給予的更多。

　　是否在開頭就列出職涯目標（career objective）或摘要（summary）也是個經典議題。原則上**履歷本身就是你生命經驗的摘要，不需要額外再浪費版面去摘要一次。**如果真的要強調動機，也可以用額外的求職信或附件去提點。但這些都只是原則，關鍵還是你的履歷會用在哪裡。如果你建立的是一份準備上傳到求職網站的通用履歷，而非主動去投遞特定職缺，列出職涯目標就有助於聚焦方向，讓招募者更容易直接透過履歷，知道你想要找的工作是什麼。

　　如果你投遞履歷的管道沒有額外的欄位可以讓你附上其他附件，**把職涯目標放進履歷裡同樣也能讓未來看你履歷的面試官，更能迅速了解你的背景和應徵的職務。**如果我們的目標是寫一份通用的一頁式履歷，就保留這個區塊吧，如果是針對特定公司的特定職缺時，屆時再刪減即可，這個職涯目標也會是後續你可以寫在 LinkedIn 開頭的內容。

實例：一頁式履歷的前後對照

1 **Resume**

John Snow

No. 505, Sec. 4, Ren'ai Rd., Xinyi Dist., Taipei City, Taiwan

2 0912345678 · smartjohn78964@gmail.com

EDUCATION **3**

Qwerty University, Taipei, Taiwan
Bachelor of Science in Biology   GPA: 3.2   2011 – 2015

EXPERIENCE

SuperPower Inc., Hsinchu, Taiwan   **4** July 2015 - November 2018
Account Manager

SuperPower Inc. is an international leader that provided the total solution to any new startup ideas. From hardware integration, CRM system, ERP planning, legal consultation, to strategic planning. There are 10,000 employees and 23 business units in SuperPower Inc. It has been awarded as the top place to work in Taian for 3 consecutive years.   **6**

- Works with account sales to close business. **5**
- Maintains summaries of customer visits.
- Develops customer-specific action plans and complete them on a timely basis.
- Identifies new business opportunities within the account.
- Maintains appropriate coverage and documentation for all assigned customers.

Stark's Software, Taipei, Taiwan   January 2019 - August 2021
Business Development Manager

Stark Software provides online software for business staffing and rotation planning.

- Motivated communication with clients from different countries.
- Enthusiastic customer service provider, all the managers were willing to give me references to recommend my working ability.
- Provided software advice to customers; increased the monthly sales
- Top-3 sales of the year

SKILLS:

Languages: English, Japanese **7**
Technical: Microsoft Office, Mac Software, project management, analysis **8**
Soft skills: cross-culture communication, fast learner

4-2 修改前的一頁式履歷範本（經歷純屬虛構）。

我們直接用實例來觀察履歷表可以如何進行優化。

乍看之下，這份履歷表已經算是份完整的一頁式美式履歷，格式清楚舒服，該有的基本資訊都有所提及，但仔細觀察就會發現其實還有很多可以改進的空間。表頭的部分如前面章節所說，不需要額外標註 Resume（1），電話應加國碼、信箱宜採用比較專業的帳號，地址也不需要標註太長（2）。

針對已經有多年工作經驗的專業人士，工作經歷應擺在學歷之前（3），呈現方式也應以倒敘法為主（4）。

工作經歷的描述稍嫌空洞，沒有善用「『行動』；『成果』」的陳述概念（5），公司的介紹也不必太長，畢竟這是你的履歷而不是公司簡介，篇幅以不超過兩行為標準（6）。

語言能力的標注上，忘了註記自己的母語，同時也沒有針對語言程度進行描述（7），技能方面有太多空泛的說明，沒有提到足夠多的業界關鍵字（8）。

如果我們使用本書提到的概念，對同一份履歷進行修正，不更改學經歷，只針對經歷的陳述和呈現方式進行微調，可以得到下面這份履歷：

John Snow

Taipei, Taiwan, 11267 · +886-912345678 · john.snow.tw@gmail.com
LinkedIn: www.linkedin.com/in/johnsnowtw

A **Business Development Manager** with 5 years of experience in both the hardware and software industry. Worked with key accounts which contributed to 10% of the sales for the department. Versed in lead generation and re-targeting sales opportunities with global clients. **1**

EXPERIENCE

Jan.2019 - Present

Stark's Software   **Taipei, Taiwan**
Business Development Manager

- Led the new business setup in 2 regions (Philipines / Vietnam); expanded the team size from 0 to 12 respectively
- Built the customer engagement playbook; increased the Net Promoter Score by 15%
- Drove the feedback analysis from regional clients; discovered the new sales opportunities in rotation planning and increased the monthly sales by 56%
- Awarded as Top Sales of the year (top 1% of the total employees) **2**

Jul. 2015 - Nov. 2018

SuperPower Inc.   **Hsinchu, Taiwan**
Senior Account Manager (Jan. 2017 – Nov. 2018) **3**

- Streamlined the account management process; reduced the time-to-close by 15%
- Increased customer life-time-value (LTV) through module bundling; increased monthly revenue by 34%

Account Manager (Jul. 2015 – Dec. 2016)

- Maintained the report of customer visits; discovered high-potential lead by 12%
- Won 10 more new accounts in the first year (25% higher than the company average)

EDUCATION

Sep.2011 - Jun. 2015

Qwerty University **4**   **Taipei, Taiwan**
- **B.S. in Biology**; Vice Director of Student Association in Biology Department

ADDITIONAL **5**

- Languages: Mandarin (native); English (fluent); Japanese (JLPT N3 passed)
- Technical: SQL, Excel VBA, Tableau, Salesforce Sales Cloud, Hubspot CRM
- Volunteers: Teach for All summer camp (2016)
- World travelers (15+ cities); Open Water Diver (PADI OW)

4-3 修改後的一頁式履歷範本（經歷純屬虛構，此處刻意簡化經歷區塊的版面大小）。

　　平心而論，這份履歷是否讓這個人感覺更專業、更立體了呢？除了全面改進第一版履歷的缺點，這份履歷還增加了一些新的亮點。

　　比如，利用簡短的簡介破題，讓招募人在收到履歷的當下就知道你的亮點和想要投遞的職缺（1），這是建立通用型履歷時可以採取的作法。每一個工作經歷的條目中，這一版也在可能的情況下，加入數字佐證和背景說明，即使工作經歷一模一樣，看起來就會專業許多（2）。

　　而在一段較長的工作經歷中，如果曾經有升遷的紀錄，也可以像這版的方法來分區陳述（3），這種職涯進程是一種潛力的展現，證明你有能力在一個領域深耕並做出戰果的。

　　在學歷部分，如果在校成績不是主要賣點，沒有必要一定要提到通用的在校成績（GPA），但如果有社團或活動的領導經驗，可以在不影響版面的情況下補充說明（4）。

　　技能方面，這邊提到了更多工具型的關鍵字，主要的目標是讓ATS可以讀取並配對到合適的職缺（5）。具體該寫的技能內容有哪些，可以參考接下來第五章的說明。這裡也使用了本章提到的一些隱藏祕技，包含志工經驗和簡短的個人生活經歷，這是讓你這個人可以更立體的作法，也常常能成為面試過程中的小話題。不過這裡畢竟不是工作的焦點，你可以依據履歷剩下的空間來做選擇性地加入，以不超過一行為原則。

　　準備好這樣的履歷是否就能無往不利呢？沒有人有確切的答案，因為不同產業、職業、地區會重視的細節有所差異，你只能實際嘗試看看，利用求職市場的回饋，再回頭做細部調整。依據我過去擔任面試官的經歷以及在人資軟體公司時期，針對上百封履歷的觀察，如果你能做到範本所呈現的樣子，相信我，你已經贏過全世界80％以上的人了。

除了履歷之外的應備文件：求職信（cover letter）

準備完履歷之後，我們再來重新思考所謂申請一份工作究竟需要繳交哪些文件。在台灣，求職常常需要繳交的是「歷傳表」：履歷、自傳、公司專屬的表格。這些都是已經行之有年的傳統了，是否有人會認真閱讀你精心雕琢的自傳其實是個未知數，而公司的表格就又更惡名昭彰了，除了在尚未面試前就要求提供你的身分證字號、前公司主管資訊、過往薪資等等，有的甚至還會問到你祖宗十八代的姓名、個資、職業等等。而這些都是國際工作不太需要檢附的資訊，至少在進行背景查核前都不會需要。

比起自傳，國際工作更常見的要求會是求職信，以前也常被翻譯成「自薦書」。第一次聽到這個詞時，我真的以為是要毛遂自薦用的一篇文章，因此也曾直接搬運自傳裡的小故事當成亮點，但其實那是大錯特錯的。求職信和履歷一樣，都是有固定格式的制式文件，你可以把它想像成履歷的精華版，是放在履歷上面，讓雇主在翻開你的求職文件前，先行瀏覽的封面。換句話說，它唯一的目的是讓雇主對你產生興趣，了解你想要應徵的職缺和動機，翻開履歷進而通知你來面試。

基本格式通常是這樣：

- **表頭**：註明寄件人和收件的姓名、職稱、住址、聯絡方式。
- **第一段**：你是誰、想要應徵什麼公司的什麼職缺。
- **第二段**：你的亮點、動機和你為什麼是這個職缺的不二人選？
- **第三段**：註明你的連繫方式，制式化的感謝及歡迎連繫的字樣。
- **表尾**：你的簽名。

　　求職信通常以2、300個單字以內為宜，一方面要能濃縮自己的經歷並引發雇主的興趣，另一方面又要避免和履歷產生過多的重複。最好的情況則是主動解答雇主可能產生的疑問，像是簽證問題、資歷不足、職涯定位不明等。如果是用紙本寄出網站上傳的資料，求職信會是一份獨立的附件；如果用是電子郵件寄出，求職信就會是email內容本身。

　　說到這裡你也可以明白，其實求職信是一種逐漸式微的文件，尤其在越來越多職缺變成網路申請或獵頭直接連繫的年代。某些知名外商甚至會在官網的申請頁面中註明：「你不必繳交求職信，它不會影響你面試成功的機率。」因為你在網路上每提出一次申請都是針對特定職缺的，一旦申請，必然也會包含你的聯絡方式，而要讓雇主決定你是否符合面試資格的要件，會是你在履歷中所列出來的技能和經驗，這多半會透過履歷解析軟體或前面提過的ATS來進行。如果一份履歷平均只會被閱讀7.4秒，你又怎麼可以期待雇主會花額外時間讀你的求職信呢？

　　換句話說，**客製化求職信其實是一件沒有太大效益的事，除非你的目的就是展現對該公司職缺無比的熱誠和興趣，並透過陌生拜訪的方式來求職**——像是主動寄信給招募人詢問職缺資訊，或者直接堵在面試官面前，交出你的整份求職文件。否則的話，當成出國工作時應備的一份文件即可，不必在這件事上投入過多的時間。如果公司有要求，再直接使用公版並替換公司名稱和目標職缺即可。公版可以參考附錄檢附的文件。

　　不可否認的是，仍有地區和產業的面試官會特別重視求職信這份文件，金融業和行銷相關的工作就是很好的例子。很多網路傳說都會提

到，兩個背景、經歷、履歷都不相上下的求職者，如何因爲用心客製化的求職信搏得面試官的青睞，殺出一條血路的故事。不過回歸本書的核心，我仍認爲你應該先從本書提到的其他核心工作著手，把時間心力優先投資在效益比較高的行動、持續優化，行有餘力再進行細部的戰術調整。

除了求職信之外，希望在申請職缺時檢附學歷證明、在學成績單、相關證照和前雇主推薦信者也很常見。這些文件的英文版本都是在準備出國工作前，可以預先準備的，尤其是英文版的電子檔。有時候你屬意的推薦人不一定有時間或能力幫你憑空寫一版英文的推薦信，你也可以試著幫推薦人擬稿，提供一份自己撰寫的英文推薦信草稿給推薦人，再請對方編修署名。

2.經營領英：獵頭聯絡你之前，得想辦法先讓對方找得到你

　　有的人以為準備好履歷就等於準備好出國工作了，不過比起履歷，你的LinkedIn個人頁可能更為關鍵。如果說你必須到100間公司官網投遞一份又一份的履歷，才能接觸到100間公司，LinkedIn就是能讓你一次就被100家公司看見的最佳方法。你可能會問：這和人力平台有什麼不同呢？關鍵在於，你在LinkedIn上是一個活生生的人，而不僅僅是公司資料庫裡的一份表格。透過二度連結、社群、互動、前同事背書推薦等工具，就能慢慢累積起自己的國際專業形象，這是在你未來的職涯裡，跨越地區都能帶著走的資產。但也正因為如此，要怎麼經營自己就顯得格外重要。

　　這邊的重點不是去優化每一個LinkedIn裡的細節，讓自己看起來十分厲害，成為每個人都想加你好友的專業網紅，正好相反，我們的目標是讓自己成為容易被搜尋到的人，尤其是容易被招募人篩選出來的人。接下來，就讓我們從SEO的角度，逆向從招募人的角度出發，重新檢視經營LinkedIn是怎麼回事。

不要去找工作，而要讓工作找得到你

　　在討論履歷的時候，我們已經簡略提過SEO的概念，但那是只限於你的履歷已經在人資的資料庫的狀況。事實上不只你的履歷需要SEO，你本身也需要SEO，意即**平常就要建立起自己在網路上的專業形象，而且是國際上的專業形象**。專業形象並不是非得要成為網路名人或領域大神不可，也不是要故意拍一些外表光鮮亮麗的照片讓自己看起來風光，而是要讓你成為能被國際招募人搜尋到的候選人。假如你是前端工程師，你不必做到「想到javascript就想到你」的程度，但必須要做到「搜尋javascript可以搜尋得到你」的程度；這點對於其他職業也是一樣的。如果你能夠被搜尋得到，招募人——不管是公司內部人資還是人力公司的獵頭——就有機會主動接洽你，如果你也已經用了前一章的方法，讓自己「像個當地人」，進到面試關就是手到擒來的事了。

　　撇開職缺永遠填不滿的明星公司不談，一般招募人做招聘的流程大致如下：

　　1.公司部門開出缺額。

　　2.招募人開始建立符合這次職缺的人才庫。

　　3.招募人將真正符合該職缺的求職者放進面試名單。

　　4.利用招募軟體管理求職者的面試流程。

　　5.完成這次職缺的召募目標。

　　這和跑業務很像。假設這次公司目標是招募5個工程師，而他過去的經驗顯示人才庫裡會有10%的人能通過初步篩選，剩下10%的人順

利通過面試，最後會接受offer並前來上班的人只有50％，他就得想辦法建立一個1,000人的人才庫，才能達成目標（1,000×10％×10％×50％＝5）。一個招募人要上哪去找到這1,000個人呢？

1.從過去自己或公司建立的人才庫中篩選出符合這次需求的。

2.公布在公司的官網和職缺平台。

3.請信任的人推薦最近在找工作的人。

4.在網路上找人。

而網路上最方便招募人使用的平台就是LinkedIn。因為它提供了技能關鍵字搜尋（如SQL、Google Analytics）、可以進行篩選（如年資2年以上、地點在倫敦）、可以針對特殊需求找人（如曾在Google工作過）。更重要的是，國際招募人普遍相信大多數符合職缺需求的人是還沒出現在人力市場上的「被動求職者」，所以不能只是在職缺看板上等待主動求職者，應該要盡可能地主動接觸任何符合資格的職場人士，才有可能達成招聘目標，不管對方是否已經表達正在找新工作的想法。

根據Jobvite的一份針對北美的調查報告指出，有87％的招募人會使用LinkedIn來了解應徵者❸。而我還在人資新創公司工作時，曾經近距離和公司內部的招募人合作過，在填補人才庫的階段，LinkedIn的畫面從沒在他的螢幕上消失過。身為求職者的我們要利用的正是這點。想辦法好好建立自己的LinkedIn Profile，即使人還在台灣，也能接收到來自世界各地的招募人的電話或站內信（InMail）。

善用LinkedIn是你被找到的關鍵

如果你是還沒有LinkedIn帳號的初學者，不妨現在就去申請一個帳號，並根據官方引導你完成每個欄位。

欄位填寫的關鍵有兩個：

1.優化搜尋：讓自己出現在搜尋結果的上半部，且被招募人點擊。

2.強化專業形象：讓招募人相信你是合格的求職者，並主動連繫。

我們可以先試著從招募人的角度看這件事：

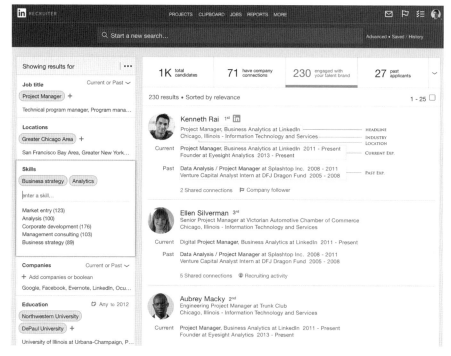

4-4 招募人使用 LinkedIn 搜尋時的介面（資料來源：LinkedIn Talent Blog）

從圖片中我們就可以看出，一般招募人最常使用篩選欄位是：

1.職稱（job title）

2.地區（location）

3.技能（skills）

4.曾經任職的公司（company）

5.教育程度（education）

　　換句話說，這些欄位就是你在建立個人頁面時，必須填寫的項目，這將決定招募人是否能找到你。想在倫敦找工作，地區就得放倫敦，想找工程師的工作技能就得放相關的語言，職稱也最好改成目標職位的職稱。這裡的「地區」欄位尤其重要，在新版的 LinkedIn 頁面上，可以同時調整「所在地點」和「目標求職地點」，唯有你把地點放到目標地區，才有被搜尋到的可能。

　　而每一筆候選人搜尋結果在點擊前會呈現的資料包含：

1.大頭照（photo）

2.個人標題（headline）

3.地區（location）

4.產業（industry）

5.現職的公司名和職稱（current experience）

6.過去任職的公司名和職稱（past experience）

　　這些同樣也是必填的欄位，這將決定招募人是否願意點擊你、看看你的個人頁面。上述的欄位都在個人頁的編輯頁面最上部的位置，可以直接點擊做編輯。

必備資訊：照片、個人標題、現職

1. **照片一定要放**：官方公布的資料是有放照片的求職者的點閱率，比沒放照片者多二十一倍，LinkedIn 本身的搜尋演算法也會給有放照片的候選人比較高的搜尋積分❹。

2. **個人標題可以做客製化的修改**：個人標題是名字之下的第一個訊息，預設會合併顯示你現在的職稱和公司名。但如果你想呈現吸睛的內容或轉換職能，也可以另外調整。比方說你的職稱一直都是 Marketing Specialist，就可以嘗試在個人標題說自己是 Growth Hacker。同理，也可以把 System Admin 重新定位成 DevOp。

3. **現職工作一定要放**：從圖片中可以看到，搜尋結果的排序上，會把包含現職的人排在前頭，所以如果你的現職是空白的，就會掉到搜尋結果後面的頁次。如果真的沒有現職 —— 比方說我正在旅行，尋找人生方向或正在刷題目準備面試 —— 那你可以直接新增一個「Self-Employed」的公司，並把職稱寫成 Traveler/Freelancer 即可，然後勾選「I currently work in this role」。

4. **在技能和經驗中多放一些和應徵職缺相關的關鍵字**：這並不只局限於技能欄位（Skills & Endorsements），也包含你工作經歷中選擇的用字。舉例來說，如果你要應徵商業分析師，多提 SQL、Python、Excel VBA 之類的必備技能會比較能夠讓你被篩選出來。

5. **個人頁完成度越高越好**：完成度高不是指文字越多越好。LinkedIn 會提示你還有哪些區塊的資料需要補齊，並提供一個完成度的百分比。完成度百分比越高，搜尋積分也會越高。

6.**想辦法取得技能的背書**：背書的目標不在於數量，而是讓它產生可信度。假設你在技能欄位放了 Fire Eating，但卻沒有任何人背書，難免讓人存疑。但反過來說，一個技能如果已經有 50 個人背書了，那麼再努力找人把它刷成 100 個也沒有太多額外的意義。

隱藏眉角：英文撰寫、增加國際好友、獲得英文推薦

1.**在 LinkedIn 上全部使用英文即可**：主要的目標是方便招募人進行關鍵字搜尋，同時也有助於把自己定位成國際人才。

2.**避免錯字**：可以使用像 Grammarly 這類瀏覽器插件，直接在線上改錯字。

3.**把地區改成求職的目標國家**：如果要找英國的工作，務必把自己的地區改成 UK，如果要找其他地區，概念亦同。

4.**可以在個人標題的欄位提及自己的簽證狀態**：如果已經有合法工作身分，可以主動表明自己不需要額外的簽證贊助。比方說：I am legally authorized to work at UK.

5.**國際級的證照可以多放**：科技業其實是最不重視證照的行業，因為檢驗你實力的方法有很多。但如果你已有國際通用的證照，放上去總是好的，比放說 PM 領域常見的 PMP（Project Management Professional Certification），敏捷開發顧問常見的 CSM（Certified Scrum Master）等。如果你有上 Coursera 或 EdX 這些具有公信力的線上課程並購買證書的話，這也是一個有用的項目。特別是對於學歷相對弱勢的人而言。

6. **想辦法讓自己的連結人數提升到100人**：就像你在社群媒體上也會透過好友人數來判斷一個帳號是否為假帳號，如果提高你的好友數量（connection），尤其是相關領域的專業人士，也會有助於建立你的專業形象並提升搜尋積分。平常沒有經營 LinkedIn 的人，可以試著從朋友圈、同校的朋友、專業社群認識的人等，開始擴張自己的人際網路。

7. **想辦法取得英文的推薦**：這和搜尋結果無關，卻是一個讓招募者相信你是高績效人才的關鍵。如果一直都在本土的公司，要取得英文的推薦，並請推薦人到 LinkedIn 上幫你留言可能較難；對方甚至可能也沒有 LinkedIn。這時，不妨嘗試其他切入點，比如主動表明可以先寫中文再由你幫忙翻譯；自己先自己擬好一份第三人稱的推薦稿，再請對方過目並加到 LinkedIn 上；尋找同事擔任推薦人等等。不論是否出國，每個升遷和轉職如果都能多做這點，很容易就能建立起自己的品牌。這是個人職涯發展的基本功，需要時間慢慢積累。

走到這一步，你應該已經是個國際招募人都能找得到的人才了。不過能被找到還不夠，還得讓對方願意聯絡你。這就回到了找工作的核心：你的專業實力。履歷和 LinkedIn 終究只是一個讓人看見你的門票，進場之後，還需要給雇主一個雇用你的理由。

5

強化專業 (Strengthen)：
給雇主一個用你的理由

專業是每一個國際人才的基礎，也是你所能夠
提供的核心價值。被雇主看到之外，你還需要給雇
主一個雇用你的理由。

1.培養專業：從職缺關鍵字開始，找到能跨越國際的硬實力

TO DO

☑ 列出10個自己的職業和產業的技能關鍵字，並找到5個和技能相關的潛在職務名稱。

☑ 找到自己技能包的弱點，建立強化這幾個技能的練習計畫。

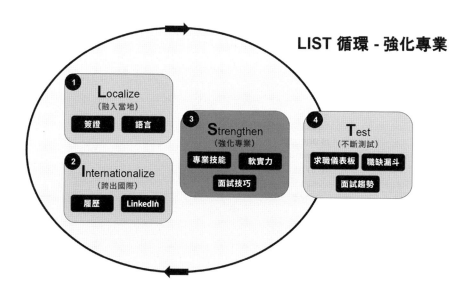

LIST 循環 - 強化專業

前面幾章提供的方法只能讓你進入當地的人力市場，站在和當地人相似的起跑點上，被招募人看見。若要進一步讓召募人願意聯絡你，還是必須回歸專業本質，展現自己足以勝任該職缺的能力，你不必非得是萬中選一的高手，但一定要是能披掛上陣的尖兵。所謂專業不是你認為自己擅長的事情，而是業界普遍認可的技能。最簡單的判斷方法，就是

再次運用前幾章提到的求職網站，而這次我們觀察的重點會是**職務內容**（job description, JD）。

Growth SEO Analyst - Marketing / New York, New York | Seattle, Washington

About the Role
Do you want to be on the front lines of the groundbreaking company? This role will influence business decisions through careful research, analysis, and evaluation of our current sites and proposed projects. We are looking for someone that truly enjoys creatively driving projects from idea to implementation, working with numbers, is a natural problem-solver, and has experience developing and driving SEO content strategies.

This role focuses on growing the Mobility business. Specifically, this person will be working cross-functionally with Performance Marketing, including Analytics, Applied Sciences, and Web Publishing Teams, to unlock and implement tactics to grow the GB contribution of SEO in the Mobility sites, from developing experiments to creating, localizing, and publishing SEO content.

What You'll Do
- Lead Growth SEO efforts for X's Mobility business, creating, optimizing, and testing content at scale to make a significant and measurable impact on the growth of X's sites and business
- Collaborate closely with Applied Scientists, as well as your teammates on the Global SEO Team, to develop best-in-class, data-driven content
- Independently review business data and also conduct keyword and competitor research to define high impact content strategies and identify growth opportunities
- Understand X's evolving strategic and competitive position and deliver products that are recognized as best in the industry.
- Partner cross-functionally with the Product SEO, Analytics, Web Publishing, and Localization Teams to unlock growth opportunities, implement projects, and build efficient processes for content testing, publishing, and localization
- Identify, plan, and execute creative and well-researched content experiments
- Receive clear responsibilities within the team organization as well as access to company-sponsored learning opportunities

Basic Qualifications
- Minimum 2 years of in-house experience with SEO content, driving projects from ideation to implementation
- Bachelors Degree or equivalent certification
- Experience at SEO Copywriting
- Experience conducting keyword research and reviewing business analytics to shape SEO content strategy

Preferred Qualifications
- Experience scaling content to international markets and/or non-English languages
- Experience with SQL or similar business intelligence tools
- Experience in product strategy and development
- Strong communication and collaboration skills
- Eagerness to work hard, learn, grow, and innovate. We're looking for a motivated self-starter who is organized, detail-oriented, collaborative, communicative, creative, and interested in problem-solving
- Proven track record of leading and executing on projects with examples of success
- Entrepreneurial experience
- Speaks multiple languages (French, Portuguese, Japanese)

5-1 一個行銷職缺的職務內容範例。（資料來源：Uber Careers）

了解市場，透過求職網站的職務說明來找到技能關鍵字

如果你仔細觀察一般職缺的職務內容，常常會包含四個部分：

1.簡介（About）：關於公司、部門、或負責產品的簡短說明。

2.職責（Responsibility）：這個職務的日常工作。

3.基本門檻（Minimum Qualifications / Requirements）：履歷過關的基本門檻。

4.偏好人選（Preferred Qualifications）：擇優面試的額外門檻。

大部分的職員都很忙碌，職務內容常常不是用人主管自己寫的，而

是委託招募部門自行拼貼，或直接沿用舊版及其他部門的相似職缺。有的時候因為公司內部使用的工具太過陳舊，為了藏拙，在進行職務描述時，會傾向提出該部門「預計要使用」的新工具，而不是現在正在用的工具，甚至某些時候，內部員工會告訴你和職務內容完全不同的需求。

多年前我曾經投過一個職缺，即使職務說明上所列出的條件都滿足了，還是沒進到面試關，後來和在該公司工作的朋友閒聊之後才知道，他們公司開出的條件其實和實際工作內容沒有什麼關聯，真正需要的條件也沒列在其中，別太鑽牛角尖，「因為有時候就真的只是沒有寫而已。」他悠悠地說。這是否意味著去做這樣的職務內容研究完全沒有意義呢？

當然不是。精實求職的精神就是以學習為目標：**你的目標不是一定要立刻拿到目標公司的面試邀請，重要的是蒐集到整個業界重視的技能**。只要研究的公司、調查的職務樣本夠多了，你一定也能歸納出一些重要的關鍵技能是不斷重複出現的，而那就是必須要強化的目標。

以這份某知名平台的職缺為例，這個職務名稱是 Growth SEO Analyst，但所屬單位是行銷部門。其中不斷出現的關鍵字包含 SEO（搜尋引擎優化）、localization（在地化）、copywriting（文案撰寫）、content strategy（內容策略）、SQL 等關鍵字。如果你是一個想要投遞這份職缺的行銷人，可以把這些關鍵字拆解成兩個部分：**硬技能的 SEO 和 SQL，軟實力的內容策略和跨文化落地經驗**。接著問問自己：這幾個技能是不是都已經具備了？這些經歷是否都已經擁有了？如果你已經擁有這項專業，就立刻把它寫在履歷和 LinkedIn 上吧，但如果還沒有把握，就是你透過這個分析發現的經歷落差，也就是在出國之前，應該開始有意識地刻意練習的項目。

反向搜尋職業關鍵字

在初步分析之後，可以進一步反向搜尋，用這些整理出來的職業關鍵字在徵才網站上進行搜尋。有時候會意外發現原來同樣的技能，還有不同的職務名稱可以投遞，說不定你的技能點也有符合，那就不妨試一試，這種建立相關職缺系譜的過程，是最快、最直接取得產業脈動的方法，不只能用在找工作，對於主動安排自己的職涯發展也很有用，從中你可以發現什麼技能是已經過時或必須補強的，或是什麼樣的職稱才具有成長性的下一步。

舉例來說，你可能本來只是要找業務職（Sales），結果意外發現商務開發（Busniess Development）、客戶成功經理（Customer Success, Customer Champion）這些職稱也都符合你的目標。或者你本來想找的是資料科學家（Data Scientist）的工作，結果發現資料分析師（Data Anlyst）、商務分析師（Business Analyst）、產品分析師（Product Analyst）的技能樹也都有所重疊。又或者原本你的身分是行銷專員（Marketing Specialist），結果發現現在更多人在徵求的都是成長駭客（Growth Hacker）或點擊成效經理（PPC Manager）。如果你本來不知道這些名詞，那不就正好是一個值得好好投資的相關知識點嗎？

回到剛剛那份職務說明來分析，我們可以觀察到一個有趣的事實，雖然職稱看起來招募的是屬於行銷部的 SEO 分析師，但從職務說明不斷提到文案、實際也希望求職者能使用跨語系的語言來看，這份職務其實更像是混合了文案設計師 （content designer）的工作。你如果試著用這些關鍵字反向搜尋，一定能找到類似的職稱。這個練習，對於還沒有跨

國工作經驗的人特別有用，這是一個能打開你職涯視野的絕佳機會。

　　在線上教育平台蓬勃發展的現代，學習技能是相對容易自行切入的。不管是透過大學課程型的Coursera、Edx，或是自學型態的Udemy、Udacity，以及不同產業的地區型學習機構（bootcamp），或者免費的Youtube頻道和部落格，你一定都能找到符合你需求的技能學習點，重點還是不斷努力，堅持下去。**你也可以試著加入同一個職業的社群或組織，這些地方常常也會是你能夠找到技能學習資訊的優質管道。**

　　另一個尋找產業關鍵字的方法，是去搜尋人力公司提供的免費年度報告。你可以透過**「薪資指南」（salary guide）** 或**「人力市場報告」（labor market report）等關鍵字搜尋到不同年度的市場資訊，**在附表中常常會包含全球各大產業的職稱、職級、職能的中英文列表，這也是可以用來反向查詢職缺的有用資訊。舉例來說，可以直接到知名的薪資查詢網站Payscale上按照職稱（job title）來進行搜尋，就能獲得每個產業與職稱的英文對照。

5-2 PayScale 網站上提供的各種職業搜尋分類。

一定要考證照嗎？

曾經有一陣子大家很流行考證照，好像只要有證照，求職就能無往不利。但是如果你開始蒐集不同國際工作的職務說明，就會發現大多數的工作都不會有證照的需求。真正需要證照的工作都是比較傳統的白領工作，比方說醫師、律師、特定的金融從業人員等等，或者需要在地認證的藍領工作，如電工、檢測員等，而這些證照除了有地區限制、很難跨國使用之外，往往也會有強制學習時數的需求。換句話說，**如果你的目標是前往海外工作，要專注的重點不是到處找證照課程來學習，那對全職的幫助非常有限**。但如果你想要找的是有強制證照需求的工作，比較實際的作法仍然是走留學這條路，取得當地學位並走當地的證照考試流程比較實際。至於經歷類的要求，比方說五年工作經驗、曾在金融交易所工作過、曾經獨立開發新市場、曾經有兩年軟體管理經驗等等，則是你必須要耐住性子自行積累的。以終為始，如果你已經知道這類工作都有硬性的經歷要求，最好的做法就是從現在開始就去累積相關經驗。這邊的重點就更偏向選擇了：必須選擇一個能夠推著你前進的產業、帶給你舞台的公司，如果暫時還達不到，就按部就班地先從普通的職務和公司開始，一步步逼近最後的目標，不用追求一步到位。

有的人會擔心台灣的工作經驗在國際上會被貶值，所以累積台灣的工作經驗並沒有價值，這是一個很大的誤會，關鍵還是看工作類型和你怎麼描述自己的故事。以同樣是廣義的行銷工作來說，假設你做的是社群行銷類型工作，這種具有強烈地域和文化特性的職務，確實是比較難轉換並說服國際雇主的，反過來說，如果你做的是網路廣告投放和廣

告成效分析的工作，這種職能就具備比較大的可轉換性，不用擔心經驗被忽視，你的年資當然是可以在全世界帶著走的。如果把自己定位成特定領域的專業人士，也確實在工作的過程累積足夠的經驗和成果，不管你的工作地區在哪裡，那都是值得為自己感到驕傲的事實，而你也一定可以找到看得到這個事實的雇主。這邊保值的經歷，主要以職涯時間在3～8年的中階經驗為主。如果是資深或主管經驗，如果沒有獵頭做為中介鎖定特定職缺，確實比較容易被降級。

認清現實，回顧每天的工作來盤點自己已經累積的專業

　　透過上一步驟的檢驗，你可能已經發現自己和理想之間的落差。這時候你有兩個選擇：**正視現實並開始行動，或者待在原地裹足不前。**大部分人都會是後者，我也不例外。事實上很多成功人士也都是拖延症患者，尤其當面對的是這種需要長期累積，但又不容易迅速得到回饋的事情。站在累積的鴻溝之前，開始遠比完成重要，最好的方式不是和拖延症硬碰硬，而是重新拿出自己的指北針，然後從微小的步伐開始。

　　你可以仿照《原子習慣》這本書裡提到的作法，讓自己的環境充滿累積專業的暗示，並且讓練功的行動變得比較簡單❶。舉例來說：如果你想要累積的是資料分析的能力，你可以試著：

1.找人組隊：找一群也想強化這個技能的人，彼此打氣監督進度。

2.自我暗示：在電腦前面貼張紙條，讓自己每次打開電腦時，都可以自動提醒自己，為什麼要這麼做。

3.簡單化：尋找課程拆分比較細的學習網站，讓自己能夠一登入就

開始練習。不用管做多少，重點在於頻率而不是強度。

我在面對困難的長期工作時，除了逼自己每天做一點之外，也會試著把這件事情當成每天睡醒後的第一件待辦事項。因為如果把它當成第一件事，就能確保兩個結果：**一是我每天都會做，二是我做的時候一定還有力氣**。執行長期計畫的常見誤區是，只管理時間，卻沒管理自己的能量和專注度❷。同樣是一個小時，其實你在有精神和疲憊的時候的產出是大不相同的。很多人以為自己只要把時間空出來就能把事情做完，但卻又常常把這種重要非急迫的事放在忙了一天的結尾，或者忙了一週的週末，而那恰巧都是你最需要休息的時候。每個人能量滿格的時間都不一樣，但關鍵是：**你一定要每天執行，直到這變成一種習慣。**

另一件可以試著做的事情是開始記錄自己的時間，每週花一個小時回顧自己這週的工作狀況。你花了多少時間在做和出國工作有關的學習，又花了多少時間只是在做一般事務性的工作？最好的情況下，你能在工作中就持續累積和目標海外工作相關的技能，如果剛好沒這個機會，就要額外提醒自己訂出長期目標，然後劃定時間累積。時間紀錄不用太精確，你的目標是比較趨勢的變化，而不是純粹的紀錄。你甚至可以為自己設定一個專案目標，以完成一個小作品當成出國前的小里程碑。作品集的概念在工程師、設計師和產品經理的領域都很常見，因為這不只能直接做為你向國際雇主展示實力的媒介，也是一個證明自己有執行獨立專案能力的試金石。其他行業的人也可以借用同樣的概念，關鍵是**找到一個能夠跨越國界、展現實力的東西，而在準備這個作品的同時，你自然會發現自己所缺乏和需要補強的能力。**

2.表現自己：怎麼從現職培養國際級的軟實力？心態、溝通、行動

> **TO DO**
>
> ☑ 試著在自己現在的工作裡從無到有領導並企畫出一個專案。
>
> ☑ 試著在工作上溝通表達自己的意見，並找一個跨部門的同事建立合作關係。
>
> ☑ 試著建立自己的 STAR 故事集，在動機、衝突、挑戰、領導、決策中，各準備兩個故事。

在大四之前，我對自己的認知一直都是個內向的人，不太敢和陌生人說話，也不知道該說些什麼更致命的是，即使已經鼓起勇氣開口了，只要是超過六個人的聚會場合，我很自然地就會成為話題的黑洞，這也讓我很難拓展出新的朋友圈，更遑論探索本科系之外的可能性了。那時，我想出國的動力很強烈，可以說是因為這個大目標的引導，才能讓我不斷地嘗試參加不同的社團、修不同系的課，只希望有東西可以寫在履歷上。

當時我總是羨慕康輔社型的人，好像先天就能讓人群圍繞在他們身邊，心裡也暗自覺得那就是領導力的先天要件：有領袖魅力（charisma）、能夠聚集眾人❸，滔滔不絕地傳遞自己的想法，隨時外向奔放地參與活動。於是我對自己下了一個定論：我不太可能成為一個領導人，但可以依附在一個領導人的身邊做為策士，那是我能做到的極限。

這也是為什麼當我從第一份正職工作離職，聽到老闆對我的評價

時，心裡會感到這麼震驚。

「You are not shy.」（你不會怯場）老闆說。

在決定離職之前，我曾經向老闆提案過一份組織改造計畫，主要目標是想凝聚分公司的士氣。當時覺得用寄信的方式可能會讓提案變成像是純粹的批評，於是我利用某個午餐的機會，直接和老闆提出我的想法。那時候他只是微笑，沒有什麼反應。但經過這次的回饋，我才知道老闆其實是理解的。

從那一刻開始，我的定錨改變了：我可以是一個領導團隊的人，事實上那才是我真正的長處，因為我能夠同理內向的人的心情，也能採用外向的人的表達方式，而且比起其他單純「做自己」的人，我已經跨出舒適圈這麼長一段時間了。從那天起 「You are not shy.」成為我的箴言，當海外獵頭因為期望薪資嘲笑我的時候、當我的英文表達能力跟不上中文思考速度的時候、當我需要為自己的職涯機會發聲的時候……我都會想起這句箴言。

當我們面試失敗時，常會自我歸因，是不是過程中哪一題回答不好、是不是自己技不如人；又或者覺得自己畢竟只是小螺絲釘，在描述專案經歷時，謙虛到「避重就輕」。但這種把焦點放在技能本身，又自我矮化的歸因方式，其實就是台灣人在國際上最大的劣勢：**硬實力終究只是實力的一個面向，你必須能展現出來才叫做實力。**

如果把硬實力當成是你職涯上的內功，軟實力就是發力的過程，那會是你能和其他人協作，並獲得成果的關鍵。你可以約略把自己在國際人力市場上的競爭力看成這樣：

國際職涯競爭力＝

硬實力×軟實力＝本業技能×（心態＋溝通＋行動）

這一節我們就一一來拆解軟實力的各個面向，哪些是國際職場重視的？我們要怎麼培養這些軟實力？尤其在有限的面試時間裡，又該怎麼表現自己？

心態：培養自己的領導力和創業家精神

曾經有個小故事是這麼說的：有一個留學生修課非常認真，不只個人作業都準時完成，團體作業也都盡力貢獻，一心一意只想要拿到好成績，不過同組的其他組員好像都不把作業當一回事。每次分組討論時，組員A似乎非常強調自己的意見，但總是做不出結論，組員B雖然找了很多資料，但都是網路上東拼西湊來的，最讓人生氣的是組員C，他總是遲到，顯然沒做功課，一來就只知道要訂披薩，開聊之後又把話題帶得更遠。眼看作業截止日就要到了，報告還是做不出來，於是他決定自己承擔起整組的工作，彙整了所有資料，把報告交出去。沒想到期末成績出來，其他組員都獲得了A，只有他拿了全組最低的C。他很委屈，覺得這就是活生生的種族歧視，於是去找教授詢問原因，教授說，這是小組互評的結果。「A組員能持續提出新的觀點，B組員則在資料搜集上非常全面。」教授說。「那C組員呢？他什麼也沒做啊！」留學生問。「組員都說他為團隊付出很多，努力融合大家，讓整個團隊不至於分崩離析。」教授說。

這當然是一個笑話，但這個故事也具體呈現了東西方價值觀的差

異：我們的成長背景比較重視個人實力養成，並在明確的問題中，迅速找到正確答案，而歐美的系統則更重視你怎麼影響整個團隊，並在未知的領域，用自己的方式冒險挑戰。這就是**領導力和創業家精神**，也是我們普遍最缺乏的心態。

很多人誤以為要培養領導力，就得先想辦法做到主管的位置，因為只有獲得指揮權，才有辦法領導並學習怎麼管理。但這並不是領導力的本質：**領導並不是控制，而是讓整個團隊因為你的存在變得更好，甚至達到它原本無法達到的高度**，換句話說就是發揮你的影響力，創造你在團隊裡的價值。從這個角度來看，即使你只是團隊的一分子也能發揮影響力，不管是想辦法主導一個專案、促進團隊討論的效率，甚至是維繫一個團隊的感情，讓大家都能放心工作，這都是領導力的具體展現。

而創業家精神同樣也不是一定要有創業的經驗才能培養。依據現代管理學之父彼得・杜拉克的定義：「創業家精神是一種行為，而非人格特質；他們藉著創新，把改變看作是開創另一事業或服務的大好機會。」❹只要願意承擔風險、走向未知，主動尋找標準做法之外的可能性，不計較一時的成敗，為了更好的可能性開始進行挑戰，那就是創業家精神。你可能會覺得這在真實的工作場合裡並不切實際，因為事情都是主管說了算，平常工作就已經忙得要死了，哪裡還有時間嘗試其他做法呢？但這也就是你可以與眾不同的機會點了！你可以試著和主管或主管的主管提案，提出你的執行方案和指標；也可以發起一個祕密的臭鼬計畫❺，在工作時間之餘自己偷偷去做；甚至可以冒著短暫失業的風險，去找一個更願意讓你嘗試施展的工作。每個人的際遇都不相同，但這種明知有可能失敗，但這種明知可能會失敗，仍願意持續實驗的精

神，就算遇到困境，仍願意堅持下去的勇氣，就是國際職場非常欣賞的一種特質。

比較下面這些履歷敘述，你覺得哪個人更有可能獲得面試機會呢？

* **準時完成主管交辦任務 VS. 協助團隊新進成員完成任務**
* **負責現有大客戶，達成與去年同期相同績效 VS. 嘗試開發新客源，擴增 5% 同比銷售額**
* **監督公司業務流程避免團隊衝突 VS. 推動團隊導入現代流程並解決潛在衝突**

在真實工作的場域，的確不會每次嘗試都一帆風順，不管是主管的支持與否、公司的資源投入和自己當時的能力，都有可能會影響實際的結果。不過只要你願意從今天起試著影響同事和主管、試著在工作場合或自己的業餘時間發起專案，這些都是可以磨練自己的心態的機會。

溝通：和你的專業能力一樣重要，有時候甚至更重要

溝通是另一個準備挑戰國際工作的人，常常誤解的能力。大家只知道溝通能力很重要，但比起投入在培養專業能力的時間，我們似乎傾向把溝通能力當成是一種附加技能，有時間再去練習就好。有的人甚至誤以為學習溝通就是把外語學好，只把重點放在背單字和通過檢定這兩件事情上。當自己被人說溝通能力不好的時候，總推託說是自己外語有腔調，說得不夠好，這些都是誤解了溝通在工作場合上的實際意義。

練習溝通，其實就是在拉高自己的國際職涯天花板。不管是和團隊

成員建立關係、推動專案，或是和其他團隊競爭資源、排解衝突，這些都非常仰賴溝通，隨著你的目標職級越高，面試中就越看重這項能力。如果你的專業能力勉強達標，但溝通起來舒服無礙，雇主仍有很大的可能降級雇用你；反過來說，如果你的專業能力很強，但卻無法有效溝通，你就只能期待伯樂給你這個萬中選一的機會了。

那麼對於沒有海外工作和生活經驗的我們，要怎麼培養自己在國際職場的溝通能力呢？你可以把下面兩個練習直接運用在現在的工作裡，讓自己成為習慣溝通的人，即使用中文開始也沒有關係，因為溝通的本質是一樣的，當你有了這個意識，再來擔心外語和跨文化的問題也不遲。

表達意見

當你和主管有不同意見時，你會選擇提出想法，還是放在心裡？當你面對客戶不合理的要求時，你會選擇說明並提供替代方案，還是埋頭硬幹？當你有一個可以解決團隊問題的點子，但和其他同事習慣做法並不一致時，你會試著影響他們的想法，還是默默覺得時不我予？

溝通最核心的關鍵，就是要把事情表達出來。重點不是說服，而是讓彼此知道想法。在東亞文化圈，我們常常講究默契、心領神會或「閱讀空氣」，而這些都是走進國際職場時的劣勢，因為你不表達意見，就不會被看見。你以為不把事情點破是種體貼，其實正好相反，團隊反而會需要花更多時間。在歐美職場，你甚至會因為沒有能見度，而被當成對團隊沒有貢獻的人。

我在英國的第一份工作，老闆比我還年輕，工作經驗也比我少，

但是講話非常咄咄逼人，好像只有他說的才是正確的一樣，後來才知道他是牛津大學辯論社出身的。另一個共同創辦人也不遑多讓，他們的討論總像在吵架一樣，即使是在共同工作空間的開放角落，你也可以感受到那種對峙的氣氛。對當時的我來說，我只想把事情做好，即使他們說得不太對，在老闆的盛氣之下，只要我找得到解決方法，也就懶得爭辯什麼。直到有一次為了追一個大客戶，他們承諾了一個不可能達成的死線，我才終於鼓起勇氣和他們爭辯。

「This is retarded！」（這太智障了！）

空氣暫時凝結，因為在英文裡，這是一句滿重的話。我連珠炮地說為什麼這件事不可能做到，我們應該要怎麼做才對。這個過程中，老闆仍然沒有退讓，並追問更多為什麼做不到的技術細節，我也拋棄了之前假設他們根本什麼都不懂的心態，試著解釋理由。辯論的最後，他們同意了我的想法，也提到死線不是大問題，他們還是可以去跟客戶改期。

而接下來老闆說的話也讓我印象深刻：

「This is useful. I want you to do more going forward. We want to over-communicate, not the opposite.」（這個討論很有用，我希望你之後更常表達意見。我們寧肯過度溝通，而不要都不溝通。）

那讓我鬆了口氣。他和我說了為什麼他覺得這樣的建設性衝突對公司來說是件好事，以及他想要建立的團隊文化。開始表達意見之後，我也漸漸成為到技術問題時的裁決者，他們仍然會不斷提出不可能的問題和時程，但也總是在一陣討論之後，選擇相信我的判斷，即使那是反面的意見。事後證明老闆並沒有把這些衝突放在心上，後來離職之後我們仍保持連繫。講這個故事不是建議你開始天天找主管吵架，事實上情緒

失控才是溝通裡的致命傷，而且溝通模式和每個人的個性和團隊文化有關，也並不是所有外國人都能接受這種溝通方式，但是這種在溝通邊界進行探索的練習，的確是我們成長經驗中比較缺乏的。

在台灣的教育和家庭系統下，我們很容易害怕衝突或尷尬，很多人會在工作中被主管或同事「規勸」，所以常常有習得無助感，於是漸漸習慣不表示自己的想法，也不習慣表達不一樣的想法。這不是說外國職場就沒有辦公室政治，很多時候你仍然需要找比較圓融的方式溝通，在尋求支持的同時，也同理別人的意見。但普遍來說，「表達意見」不是一個選擇，而是一種必須，問題只是你怎麼表達。

雖然說起來簡單，但這種主動表達自己想法的勇氣，也是需要練習的。你也許可以從這幾個小實驗開始：

- **寫下來**：試著組織自己的想法，把模糊的概念變成可以傳遞的文字。有時候你會在這個過程中發現其實自己有的只是一種「感覺」，還沒有真正形成一個「意見」。感覺每個人都有，有時候單純只是立場不同，但只有真正形成了意見，你才能夠好好地讓人願意聽你說。

- **傳出去**：如果害怕直接面對面溝通，你可以試著用訊息、email 或文件的方式，把想法告訴你的同事或主管。甚至可以從表達贊同的意見開始，用你個人的身分表示同意，而不是隱身在群體裡面當個點頭的人。開始建立起這種溝通的勇氣和管道之後，再開始嘗試表達不同的意見。

- **大聲說**：當你已經開始習慣表達意見之後，最後一關就是即時接受回饋的勇氣了，只要在眾人面前站出來，用自己的聲音說亮

話，就無可避免地會接受到反面的聲音。如果你能成功取得所有人的共識那很好，如果不行那也很正常。接受這個本質，就能漸漸產生表達自我的自信。

　　和前面提到的求職邏輯相同，你的目標不是每次表達意見都直接獲得想要的成果，而是**在這個過程中培養自己的勇氣，取得其他人的回饋，即時調整**。如果別人覺得你說不到要點，那就試著組織更嚴密一點；如果別人覺得太過武斷，那就試著退回幾步，然後慢慢形塑出一個自己感到舒適，又能夠促進協作和溝通的風格。

　　這些都能做到的話，你就可以試著用英文或者是你目標國家的外語開始再試一次，看看自己是否還能維持同樣的自信。要驗證自己的進步，只需要問自己一個問題：如果同樣的場合換成用中文說，就能表現得更好嗎？如果可以，只要花點時間來加強自己的外語能力即可；如果不行，就需要花和培養專業同樣的力氣，來鍛鍊自己的溝通能力，沒有被取捨的空間。關於外語能力的學習方式，你可以試著回到第三章提到的方法開始練習。

建立關係

　　溝通還有一個重要的目標，就是建立和他人的連結，這一點也是我們成長經歷中比較沒有機會練習的。很多人在出國之後第一個文化衝擊，就是叫交朋友。本來以為不插話是種友善，結果只是被當成空氣；本來想說聊的話題是自己熟悉的影集和體育，但突然發現自己完全不知

道那部電影的英文是什麼，劇情又該怎麼描述。有的人會在這個階段就喪失信心，開始建立自己的同溫層，回到自己人的圈圈裡，然後把自己定位成一個不善交際的人。但其實職場裡的關係建立，和社交場合並不是完全等價的。先天比較外向和懂得社交的人當然有些優勢，但這不表示比較內向的人就無法和別人建立連結。你可以相信自己，身而為人，先天就能夠和他人建立連結的。

事實上在國際溝通上，**內向的人有時候反而更有優勢，因為他們更習慣用文字去溝通**，而我們成長背景的訓練中，外語讀和寫的能力常常比聽和說強，這可以在初期掩蓋非母語的劣勢。而寫下來的文字也常常更為完整，較不會踩到非語言互動的地雷。用寄信或傳訊息的方式溝通，也是比較低門檻和人攀談的方法，不會有混入其他人的圈圈或被隱形的突兀感，那種尷尬的瞬間是很多人不敢跨出第一步的原因。

講到這裡你大概也就明白了：**建立連結並不一定是要交朋友，而是讓你和他人之間開始產生一個可以交流的通道**。這在疫情之際遠距工作越來越普遍的現在，又更為重要。可以怎麼練習呢？

1. **主動開場**：很多人會把無法聊天歸咎於沒有話題。但是在建立溝通管道的時候，有時候你需要的只是一個友善的開頭。其實一句簡單的「How are you？」「How's your day？」就足以為一場對話定錨。有的人會認真回應他的近況，有的人則會直接丟回「How are you？」然後就切入正題。不管是哪一種，只要你能主動成為開頭的人，你會意外地發現這個連結就開啓了。這在中文的語境中其實真的比較少，但你會發現在其他的語言中，多少都有這種「答案不重要的打招呼問句」，關鍵是練習成為有勇氣先

開口的那個人。「最近怎麼樣？」「吃過了嗎？」都是中文語境中，比較接近的練習起點。

2. **保持連繫**：通道建立以後，你得找到一個符合自己風格的維繫方式。LinkedIn創辦人曾在他的書《人生是永遠的測試版》中曾經提過弱連結的概念❻，相對於那些產業、職業、嗜好都跟你類似的「強連結」，偶然在活動中交換名片、工作上中連繫一兩次的人，或者朋友的朋友，就是弱連結。**這些弱連結和你互動不多，卻常常是最能帶給你新的工作機會和新的跨界知識的人**。如果你要從現在的位置跨進國際職場，這些弱連結又更為珍貴。關鍵是如何維繫這些連結呢？有的人會用社群的方式，透過按讚或分享他人的文章來留下印象，有的人會借用業務的方法，逢生日過節時傳個私訊，有的人則會更積極地直接在行事曆上建立定期的30分鐘線上會議，因為是定期的，不管是參與還是拒絕都不會有重新破冰的尷尬。我們不必勉強自己去和每個人裝熟，但是有這個主動保持連繫的意識，並找到適合自己的溝通風格然後持續進行，是很重要的職場功課，這也是你在台灣職場就可以練習的。

這邊講的溝通，主要仍聚焦在工作上的溝通，至於怎麼好好和全世界的人作朋友，怎麼避免跨文化溝通的地雷，那就遠超過本書的範疇了。這邊提供幾個簡單的跨文化溝通的心得，也許可以做為參考：

1. **保持開放的心態**：從傾聽開始，把每一個人都當成一個個體，不管對方說什麼或做什麼，都在自己可接受的範圍內，試著去理解對方這麼做的理由。

2.**傾聽之餘也要回饋**：理解對方之後，也可以試著模仿對方的表達方式看看，給對方一個和你互動的機會。不要只是單純的聽，也不用過度強調自己的不同。

3.**慢慢走出去**：每個人對文化衝擊的適應程度都不相同，你必須要讓自己能夠舒服的交流才有可能繼續嘗試。不妨先從自己的舒適圈開始，不管是類似背景族裔或有類似嗜好的人，再有意識地離開自己的舒適圈，去拓展自己的文化邊界。

直接去嘗試和不同文化的人聊聊天吧，把握機會和別人多說說話，不帶任何目的性的交流看看。那是理解文化差異最直接的方式。合得來的人就會成為朋友，而不同調時也難免遇到尷尬的情境，這是跨越文化的人類共性，只要你願意跨出第一步，你就能漸漸找到屬於你自己的風格，用自己喜歡的樣子去欣賞這個世界。

行動：用STAR原則反向檢視自己所缺乏的能力

準備過面試的人，可能或多或少都聽過STAR原則。不過比較少人反過來去想，怎麼以終為始，用STAR原則引導自己，補強缺乏的軟實力。

STAR是情境（Situation）、任務（Task）、行動（Action）、結果（Result）這個四個字的縮寫，運用這個架構，就能用簡短的幾句話，清晰地在面試中傳達你的工作經歷。舉例來說，如果面試官問你「你在工作中遇過最大的挑戰是什麼？」很多人可能直覺會這樣回答：

「挑戰喔，因為我是工程師，所以PM提出需求我們就要去做。有

時候時程很趕，但是舊的程式碼又很難改，記得有一次我們有一個很大的客戶說要一個功能，我就花了很多時間去讀我們的程式碼，然後和同事一起加班，終於準時搞定了，也順手把程式碼更新了一下。」

乍聽之下，我們可能知道這個專案的挑戰性在於時程很趕、程式碼很老舊這兩件事，但是除此之外，就沒有其他訊息了。像這樣的回答，面試官既無法判斷實際的困難是什麼、你在專案中擔任了什麼角色、你擁有什麼能力。看起來你回答了問題，但其實只是浪費了一個展現自己強項的機會。如果運用 STAR 原則可以怎麼說呢？

「我們是新創公司，大客戶對我們來說很重要，但他們也常常提出時限很急迫的新需求。**（情境）** 我是負責使用者介面的工程師，我發現其實這個客戶提出的需求其實不難改，不過因為我們的程式碼很老舊，所以總是需要很多人同時加班才能準時完成**（任務）**。於是我向 PM 提案：可不可以給我們一個月的時間，先不要承諾客戶的需求，讓團隊能優先更新程式碼，如此一來，改動起來會比較容易。PM 說一個月有困難，但兩週他應該可以幫我們和客戶爭取。我同意了，然後利用兩週的時間領導整個使用者介面的程式碼更新，**（行動）** 接下來的六個月，不只每次的需求都能準時完成，工程師團隊也沒有再度因為這個專案加班過。**（結果）**」

雖然講的是同一件事，第二個說法不只提到了實際的困難點，也說明了面試者當初採取的行動和結果，面試官甚至能從他和 PM 溝通的過程，得到這個人是願意溝通且不會堅持己見的人的印象。這就是用 STAR 原則來梳理自己的面試表達好處。

但如果你的工作經歷中從來沒有遇過重大的挑戰呢？你又該怎麼回

應呢？答案是：**那你就應該在工作中，自己主動去找更有挑戰性的事！**

你會發現行為面試中問到關於軟實力的問題，無非是這些面向：

- **動機**：為什麼離開前一份工作？為什麼你想加入我們？
- **衝突**：當團隊成員有意見衝突時，你會怎麼解決？當你不同意主管時，你會怎麼做？
- **挑戰**：你遇過最大的挑戰是什麼？告訴我一個你的失敗故事？
- **領導**：你曾經領導過一個長期專案嗎？你怎麼改變團隊的文化？
- **決策**：做過最兩難的決策是什麼？告訴我一個你是錯誤的決定。

從這些問題回推，每個問題你都能用 STAR 原則講述至少兩則故事嗎？如果可以，你大概已經是很積極的行動派，只要繼續保持，並加強表達能力就可以了。但如果不行，就應該立刻從現在的工作中，尋找獲得這些故事的機會或挑戰，並努力採取行動，逼自己成長。

關於行為面試的內容，我們在接下來的第六章還會更深入地介紹。除了上面提到的幾個面向，你也可以直接上網尋找「行為面試常見問題」，試著看看不同公司和不同職務的工作，重視的核心問題和特質是什麼。下面的 STAR 故事範本集，則可以輔助你整理自己的經歷故事：你可以像寫履歷一樣，以時間序列的方式回憶自己的每段工作經歷，然後從中找到符合上述幾個面向的故事，你也可以從問題出發，用問題反向回憶自己過去曾有的經歷。

時間序列型的 STAR 故事集

經歷	專案	類別	角色	背景(S)	任務(T)	行動(A)	結果(R)	困難	收穫	反思
2015 B 社	利用現有客戶資料拓展新商機	成就、領導	專案領導	團隊業績遇到瓶頸	提升當年業績10%	- 結合散亂的表格, 重新整合現有客戶資料 - 把資料依年齡和上次接觸時間分類 - 針對不同分類的客群, 實驗使用不同聯絡方式	- 半年內就達成 10% 增長目標, 全年達 25% - 成功聚合銷售團隊, 不再單打獨鬥 - 獲得可以沿用的新客戶指標	- 說服團隊前輩, 集中客戶名單資訊的好處 - 重新和很久沒聯繫的客戶建立關係	- 現有的客戶名單已經很有價值, 應該先重新活化 - 團隊中也有人有同樣的困擾, 這是建立影響力的機會	用更柔性的方式去推動資料整合, 了解現有流程的障礙是什麼, 不要假設大家只是自私

問題反推型的 STAR 故事集

行為面試問題集	故事一	STAR	反思
你做過最成功的專案是什麼？	2015 -B 社 利用現有客戶資料拓展新商機	團隊業績遇到瓶頸, 我的目標是提升當年業績 10%。我試著結合散亂的表格, 重新整合現有客戶資料；把資料依年齡和上次接觸時間分類；並針對不同分類的客群, 實驗使用不同聯絡方式。 結果半年內就達成 10% 增長目標 (全年25%), 並成功聚合銷售團隊, 不再單打獨鬥, 也獲得可以沿用的新客戶指標。	困難：說服團隊前輩, 集中客戶名單資訊的好處；重新和很久沒聯繫的客戶建立關係 學習：現有的客戶名單已經很有價值, 應該先重新活化；團隊中也有人有同樣的困擾, 這是建立影響力的機會"整個團隊一起成長的感覺；用更柔性的方式去推動資料整合, 了解現有流程的障礙是什麼, 不要假設大家只是自私
你最失敗的經歷是什麼？			

　　不用擔心故事重複，因為每段深刻的經歷一定都包含多種面向，這也是為什麼每個問題都應該要有兩則以上故事的原因。只要確保自己真的用心對人生做過反思，找到自己仍欠缺的經歷去補足就行了。重要的不只是取得成就，很多時候重大的失敗，反而是面試中更被看重的面向。因為如果不曾失敗，八成就代表你不曾採取夠有挑戰性的行動。這

就是《與成功有約》這本書裡所提到的，也是歐美職場非常看重的「積極主動」（proactive）的眞義❼。

學生時代當我決定從理工科轉找商管職時，最困擾我的就是自己缺乏這些經歷，說成功也沒多成功的競賽經驗，說失敗也沒有太失敗的實習經歷，硬要說領導也只有課堂小組組長的經驗而已。但是畢業在即，不管社團還是實習大概都沒有機會了，該怎麼呢？於是我決定去考預官，並志願下部隊到外島去，同樣是一年的當兵時間，我希望自己能從中「獲得」一些故事。不管好的壞的，這些故事也眞的都成了我找新鮮人第一份工作時的養分，對於已經在職場打滾並決定挑戰海外的你，一定能夠創造自己的故事。

3.面試技巧：重要的不是每一關都拿到滿分，而是釋放足夠的訊號

TO DO

☑ 整理面試考古題，檢視自己的專業程度。

☑ 找到可以模擬面試的戰友或前輩，定期練習。

你覺得面試比較像是有客觀標準的考試，還是只有一個贏家的比賽呢？

檢定考就像任何一種語言考試，只要分數達標就算及格；而比賽的話，就不能只是過關，一定要贏過對手才行，因為贏家永遠只有一個。不同時空背景、不同公司開缺的情形當然都不盡相同，而最怕的就是你誤把檢定考當成比賽，卻把比賽當成檢定考，一直想著怎麼勝過不存在的假想敵，卻忽略了面試過程中最重要的核心：**讓面試官得到他需要的訊號！**

很多人都聽過這樣的故事：經過了四、五關的面試後，朋友覺得整個面試過程感覺都還不錯，不過等了一週都沒有消息。主動寄信問了之後才收到人資寄來的信：你表現得很優秀，但我們已經找到更適合的人選了。這樣的故事聽多了，大部分的人都很難不去把面試和比賽做聯想，畢竟職缺有限，而求職者眾多，如果我不能贏過其他人，資格符合也沒用。但你真的覺得這個「更適合的人」總是存在嗎？

除了專給畢業生的新人缺或者高階的特定職缺，是非常明確的僧多粥少，大部分的職缺都很難找到足夠的面試者來填補。換句話說，大部

分雇主遇到的，都是符合資格的面試者數量不足的問題，而不是同一個職務求職者太多，而難以選擇的問題。你的比賽，從來都只是和自己競爭而已，需要關注的核心應該是**如何讓自己變成更好的人，而不是如何在戰場上贏過別人**。只要能符合職務的需求，剩下的就是怎麼樣在面試的過程中釋放出對方重視的訊號。

什麼是對方重視的訊號？

什麼是訊號？簡單來說就是**面試過程中，面試官或雇主希望看到的東西，或者可以說是他們的用人指標**。每個職缺可能都有5～10個不等的指標，面試最重要的，就是讓雇主看到你能在這些指標上展現足夠的訊號，心甘情願地雇用你。比較有制度的公司多半會給面試官一張量表，請面試官在測驗的同時觀察面試者是不是能符合公司想要看到的特質，據此面試官會在面試的結尾總結出一個綜合分數，然後把人分成3～5個品級，最後再進行綜合判斷。

舉例來說，有的公司會把面試者按照面試表現分成四等：強烈同意錄取、可以錄取、可以不錄取、強烈否決錄取，最後請每個關卡的面試官提交他們的意見，然後在人事委員會進行討論。不同公司做法不同，有的公司是即使有「可以不錄取」也沒關係，只要有一個「強烈同意錄取」就可以，反而如果全部人都只給出「可以錄取」就不錄取。也有的公司是不管是「強烈同意錄取」或「可以錄取」都沒差，但是只要有「強烈否決錄取」就直接不錄取。這也是為什麼很多公司面試要安排許多關卡的理由：他們想用更客觀的標準蒐集到不同的訊號，減少單一面

試官的主觀判斷造成的偏誤。每個公司想要看到的訊號都不一樣，有時候即使是一模一樣的題目，用同一個答法卻可能造成完全不同的結果。舉一個近來工程師面試常見的例子：演算法測驗。

　　一般演算法測驗，通常會在六十分鐘左右的時間裡，由面試官出給工程師一、兩個概略的問題敘述，然後要工程師在時間內寫程式實作出解法，並通過測試案例，完成解題。解法通常不只一種，按照答案的品質，會有效率最高的「最佳解」和效率低落的「暴力解」的區別。舉例來說，一個簡單題目可能是「把一段亂數的序列由小到大遞增排序」，參加面試的工程師在知道這個考題之後，要完成的事情包含：從概略的問題定義出問題的邊界、和面試官溝通可能的解法、實際寫程式把解法做出來、想出測試案例來檢驗自己的答案。

　　很多人誤以為面試都是一樣的，只要能夠完美解開一個難題就過關了。有的人甚至會想盡辦法在網路上找到「真題」和詳解，覺得只要能在面試的過程中，快速默寫出最佳解，就能拿到高分，但這就是考試思維的迷思，因為答案終究只是這一關面試中的訊號之一，其他像是定義問題、溝通想法、測試習慣等面向也是訊號，可能A公司最在意的是你能不能在時限內完成這個難題，B公司在意的是你溝通的能力，C公司更在意你能不能主動定義問題意識。如果你能全部滿足當然很好，但是每個人終究都有強項弱項，怎麼在對的關卡，針對不同公司釋放對應的訊號就很關鍵了。

　　有了這個觀念之後，我們就可以重新檢視最常見的幾種面試類型，從中找出雇主通常希望看到什麼，然後再進一步針對公司的需求來投其所好。

最常見的幾個面試關卡

1. 人資篩選（Screening）

〈訊號焦點〉：**潛力、工作資格、日常溝通能力**

面試的第一關通常是電話面談，由公司內部的招募人或獵頭仲介主導，時間約 15～30 分鐘不等，目的只是要確認你是一個能說話並真實存在的人。因為負責這關面試的人通常不是第一線的執行人員，只有很少的情況下會問到比較深入的工作和技術細節，所以你唯一要做的事，就是讓對方相信你是有潛力拿到 offer 的人，也是一個合格的應徵者。

怎麼樣的人有潛力走到最後呢？**經歷符合職缺的基本需求、能夠針對自己的工作經驗侃侃而談**，這樣就夠了。因為你是不是真的能過關，會由後續的面試來確定，所以完全不需要刻意在這裡求表現。對方問的問題範圍通常也不出下面這三項：

- 簡單的自我介紹。
- 說明一下你過去經歷中和這個職缺符合的部分（你有沒有 XXX 的經驗、你在 OOO 領域做過幾年等等）。
- 目前的工作狀況和對這份工作的期望（現有薪資和期望薪資、什麼時候可以來上班、需不需要簽證和家庭協助等等）。

這一關在尋找國外職缺的時候尤其重要，因為這是對方判斷你的溝通能力的第一個關卡。好消息是，因為題目非常固定，可以事先擬稿進行準備。第一次講可能還會有點緊張，經過五、六次實戰練習之後，不管你的外語程度如何，也一定能講出點什麼，就像上台背一段英文演講

稿一樣。到後來你會發現自己已經不需要背稿了，甚至可以培養出一種講外語的自信，所以我非常推薦大家利用這一關來檢驗自己的英文程度。

　　簽證狀態也是這一關常常被提出的問題。你不只應該據實以告，如果面試官沒有問起，你甚至應該主動詢問該公司簽贊助簽證的可能性。如果因為簽證問題無法走下去也不必氣餒，把這當成一個經驗，後面還多得是其他公司的機會。有時你會因為簽證狀況而被對方拒絕、有時你會因為開出的期望薪資而被招募人訕笑，甚至有時你會因為英文程度而被掛電話……這些都是我曾經碰過的情境，但是只要能克服前一兩次的尷尬並堅持下去，這一關不只會是你免費真人口說練習的機會，甚至可以成為你找到國外工作的自信來源。

　　2.技能面試（Technical Interview）

　　〈訊號焦點〉：**硬實力、專業溝通能力**

　　這一關負責面試的人通常是有第一線工作經驗的人了，目標要檢驗你是不是真的擁有做這份工作所需要的技能。

　　以工程師來說，即檢驗你是不是真的會寫程式；以 UI 設計師來說，就是測試你是不是真的會使用設計工具來呈現概念；以商業分析師來說，即測驗你是不是真的能從一份原始資料開始進行數據分析。

　　這一關的重點就是展現你的硬實力，沒有太多偏方，只能不斷地練習。每個領域多半都有常見的考題形式，可以直接上網搜尋相關題庫。以軟體工程師來說，近五年非常流行用演算法測驗來檢驗你寫程式的能力，甚至有一個專門的網站會整理這些常見題型，像 Leetcode 就是最知名的題庫集散地。這也是為什麼大家會一直討論怎麼「刷題」（像聯考寫考古題一樣，找演算法的題庫不斷練習），因為這一關的本質和準備

聯考很像，只要準備的題數夠多，量變一定可以產生質變。

　　既然面試的邏輯和聯考相似，準備方法和考試技巧也是相通的。比方說：

- **整理學習主題和類似題組**：試著拆解領域知識和常見題目，每週針對單一主題進行密集訓練，培養對相似題運用同一套解題方法的熟練度。
- **主動思考再參考詳解**：第一次練習時先試著自己解解看，尋找思路。五分鐘內沒有想法就參考詳解或別人的做法，並用自己的方式筆記下來，加深印象。
- **定期回顧**：練習的主題多了，一定會忘記一開始的部分。所以在排定新的學習目標時，也要記得回顧之前已經練習過的題目，加強記憶，直到變成腦部的反射動作。

　　不過就像前述提到的，同樣是解題，不同公司著重的訊號可能不一樣，你必須要在公司的需求和自己的實力之間找到一個平衡點。如果知道在面試的當下，你的技能可能還沒準備到最充分的程度，就要想辦法在其他部分把訊號補齊，不管是溝通能力、表達思路、探索問題等其他面向，都是可以逆轉的機會點。

3.案例面試（Case Study / System Design / Whiteboard Challenge）

〈訊號焦點〉：進階硬實力、解決複雜問題的思維、表達能力

　　這一關的核心和技能面試一樣，都是直接找和你類似職務的人來進行面試並檢驗你的專業能力。和技能面試關不同的是，這一關通常是針對比較資深或比較困難的職務來設計。顧問業的案例解析、工程師的

系統面試、產品經理的產品設計測驗、設計師的白板測驗，都是這個範疇。這類考試的特徵，是**希望你能從非常模糊和粗略的問題中，找出問題邊界，並使用自己的架構，來對一個問題提出系統性的解決方案。**和技能面試關相比，這一關會更接近實際工作時的情境。舉幾個例子：

- 請設計一台烤麵包機。（產品經理、設計師）
- 增加購物網站的結帳轉換率。（產品經理）
- 設計 Twitter。（工程師）
- 設計一個線上共同編輯文件。（工程師）
- X 是一個全球性的文具製造商，請協助提升他的營收。（顧問）
- A 公司去年淨利衰退，請協助改善公司的狀況。（顧問）

　　題目就這麼簡短，你可以發現不管是什麼職種，這些題目的特徵就是沒頭沒尾，而這就是這一關考試的本質：**希望你是能主動提問來搜集資訊、並根據資訊提出一套有架構的解決方案的人。**標準的解題流程大致如下：

a. 提出問題：找出使用者是誰、了解使用者的數量和財務等相關數據、確定設計的目標是什麼。

b. 進行數據估算：針對步驟 a 得到的數據，估計自己提出的架構大致要做到什麼數量級。

c. 進行高層次的架構設計：選定一套架構，畫出一些流程圖和示意圖，說明整個方案的各個面向。

d. 選一個方向實作低層次的細節：從步驟 c 的架構選定一個核心來深入解釋實務上會怎麼進行。

e.針對自己提出的方案進行擴展和評估：假設如果一開始預估的數據增加一百倍，現有的架構要怎麼進行調？什麼地方可能會出錯？怎麼解決？

這一關你需要展現最重要的訊號，就是表達能力、分析能力和思考多元解決方案的能力。除了能夠在模糊的需求中蒐集到自己需要的情報，同時能在提出多個解決方案之後進行權衡，還要能在必要時捍衛自己的論點，而不是被動地回應面試官的問題，或順著面試官的反向意見作答。幾乎所有職務只要走向資深的層級，就會有這一個關卡，也因此市面上關於這類面試如何準備和思考的書籍及資源很多，不管你現在職涯的位階，及早挑一本來進行練習，都會對思考問題有很大的幫助。以下是一些入門的案例面試準備教材：

- **工程師：**Grokking the System Design Interview（線上課程）、System Design Interview – An insider's guide（by Alex Xu）
- **產品經理：**Cracking the PM Interviews（by Gayle Laakmann McDowell）、Decode and Conquer: Answers to Product Management（by Lewis C. Lin）
- **顧問：**Case in Point（by Marc Patrick Cosentino）

這類教材的本質都是專門針對面試設計的，所以不能用來替代在自我專業上的積累。讀這類書的目標是給你一個新的思維，讓你理解在面對一個複雜問題時，可以怎麼有系統地拆解它，然後在有限的時間內把個人方案呈現給別人。

4.行為面試（Behavioral Questions）

〈訊號焦點〉：資歷深度、個人特質、表達能力

這一關可能是最普遍的面試關卡，幾乎所有公司都會有這一關，面試官可能是人資部門的專員、未來的直屬主管，甚至是下一階的大主管（skip manager / bar raiser）。面試官會在時間內針對你履歷上提到的經歷進行「深度拷問（deep dive）」，也有可能提出比較常見的情境題請你回答，像是你解決過最困難的問題、怎麼處理和主管意見不同的情境、舉一個你失敗的經驗等等。

行為面試中常出現的問題，我們已經在前一節提過許多，這邊不再重複。在面試的過程中，只要使用STAR原則，選擇一個可以和公司重視的方向產生連結的個人故事，就是釋放訊號的最佳方式。但要如何知道公司重視的方向是什麼呢？通常可以從公司的價值主張和願景中看出端倪。如果一家公司非常強調創新精神，你過去主導新專案或創業的經歷就會非常吃香；如果一家公司強調紀律與專業，你在專業領域的績效和解決過的複雜難題就會成為亮點。在職務敘述和公司介紹中不斷出現的關鍵字，也會是你可以歸納的方向，像是agility、impact、leadership、customers等字眼如果重複出現，大概就可以知道自己該選用的故事為何，這在前面整理職務敘述的關鍵字時，可以把這些展現公司個性的關鍵字整理起來。

一些比較知名的公司甚至會有很明確的「軍規」，近來最知名的可能就是Amazon的十六條領導準則了[8]。除了獨立的行為面試，有的公司甚至會在每一個面試關卡，安排1～2個與領導準則相關的題目，目的就是要確認你是不是能符合公司期待的價值觀，這一點在很多金融業的面

試也是相同的。

很多人以為行為面試關就是聊天碰運氣，如果聊得來就會過關，聊不來也無法準備；有的偏技術型思維的人甚至覺得這一關什麼也測驗不了，也不會影響面試結果。事實上正好相反，這一關不只對於你否能通過面試有決定性的影響，甚至是決定職等的關鍵。因為從你答題的方式、舉出的案例、面對不同情境的心理素質，就能很有效地判斷你實際工作經驗到什麼程度了。好消息是，這一關的題目幾乎都是固定，只要能透過之前提到的方法，每種面向的問題都準備2～3個故事，並使用STAR原則進行回覆，就能無往不利。

另外要注意的是誠實為上，因為在你講完自己的故事之後，面試官通常都會追問故事的細節，像是「那之後你又做了什麼？」「重來一次你會怎麼做？」等等，這些「跟進問題」（follow-ups），有時甚至比你第一個答案重要，因為從這裡是最容易看出求職者是不是有成長潛力的。如果你是隨口編造的，很容易就會在附加問題的過程中被抓包。沒有故事的話，你應該要發揮本書前幾章提到的精神，積極主動從現在的工作裡，創造自己的故事，而不是在面試時，才信口開河。

5.文化面試（Cultural Fit）

〈訊號焦點〉：**團隊意識、互動能力、討喜程度**

通常進到文化面試關，離拿到錄取合約已經八九不離十了。這一關會讓你和你未來的同事和主管碰面，一起吃吃飯、聊聊天，讓你有機會認識團隊，團隊也有機會認識你。其實概念和人資篩選關很像，差別在於和你聊的人就是未來的工作夥伴。**能不能讓對方覺得你是一個理想的團隊成員，或者喜歡和你一起工作，都是這關的重點。**

　　過去很多西方公司會邀你一起去喝一杯，透過日常情境的互動來觀察你和團隊的化學效應。不過若干年的實驗之後，很多公司也發現這樣的指標其實並不客觀，比方說，有的人因為不能喝酒，或已經有家庭不能待到太晚，就會在這一關顯得不自在。而亞洲文化或內向的人因為比較少這種上酒吧社交的習慣，也常常會顯得劣勢。在講究多元和包容的現在，比較大的企業為了避免爭議，幾乎已經不再把這一關納入測驗了，但是在草創期的新創企業和比較小的公司，這仍然是不可或缺的一環，因為對於小團隊而言，每一個團隊成員都會極大程度地影響團隊運作，比起錯失一個人才，他們更擔心找到一個會破壞現有團隊氣氛的人，所以很多主管和創辦人都還是相當看重這一關的「感覺」。

　　不過感覺是互相的，這也是你評估這個團隊是不是想要加入的團隊的好機會。**保持自然、友善溝通，不用刻意裝成不是自己的人，也是在幫助自己篩選適合的工作，倒不必為了刻意符合公司文化而削足適履。**

6.回家作業（Take-home Assignment / Presentation）

〈訊號焦點〉：實戰能力、工作態度、專業素養

　　回家作業是最能360度觀察一個應徵者的關卡，通常公司方會出一道題目，要你在期限內繳交作業，並在基本檢核之後安排一場面試，讓你針對這份作業進行解釋或簡報。有的不一定會是額外的作業，而是要你針對過去的作品集做出一份新的提案，減少你寫作業的時間，然後把焦點放在報告呈現的部分。

　　這類題目可能包含要你實作出一個購物網站的購物流程並正式上線（工程師）、要你針對某一產業的機會點進行分析和評估（分析師）、針對某一個品牌提出一份鎖定特定客群的廣告企畫（行銷）等。有的題

目會提出清晰的應備項目和加分項目，有的則會額外提供一份資料或文件做爲分析的基礎，有的甚至什麼資訊都不給，直接讓你展現產業知識和情報蒐集能力。

很多人在面對這類題目時，常陷入兩個困惑點：

· **到底要做到什麼程度才夠？**既然說是加分項目了，是不是可以忽略這個部分？

· **到底要花多少時間才合理？**人資說這個作業只需要三個小時就能完成，但我看至少需要十小時啊！

回到本節一開始說的訊號，不同公司重視的訊號可能大不相同。舉例來說，如果是傳統的日商綜合職，時效性可能就是會被放大解讀的項目，**如果有明確的規定，最好在指定的時間與期限內繳交作業**，不要本末倒置，把作業品質做到完美但卻超時了。可是針對大部分的科技產業，就要想盡辦法在這一關「火力全開」，把作品做到最完美，即使人資告訴你這份作品平均花五小時即可完成，你卻花十小時雕刻出一份自豪的作品，並完成所有加分項目會是更好的做法。因爲這是少數你能完全掌握考試方向的一個關卡，你的作業、強項、能引導對方在面試中提出的問題，甚至是你面對任務時的態度，都能具體透過這份作業這場作業傳遞給面試官。

有的人會擔心這是另一種「比稿」，公司只是透過面試的過程出作業，讓受試者成爲免費勞力。當然國際市場上偶爾也會出現這種無良企業，但那畢竟是少數，而且壞名聲在網路上會傳得很快。**身爲一個國際求職者，你需要的是一個機會，而回家作業關就是最能展現優勢的時**

候，千萬不要因為擔心做白工就讓機會溜走。除非有明確的保密協定或內部資訊，在很多情境下，這些回家作業甚至可以成為你未來可以自由使用的「作品集」，讓你在面試的過程中順便累積自己的亮點。

另外要注意**回家作業的本質和線上測驗　（online assessment, OA）　完全不同**。雖然只要在指定的期限內完成線上測驗即可，這一點乍聽之下有點像「回家作業」，但是通常線上測驗的問題都會有標準答案，必須在公司提供的測驗網站上應考，也可以在畫面中看到明顯的倒數計時器和作答按鈕，只要開始考試，就必須一次完成，一定要在時限內將答案交出去，和回家作業的邏輯完全不同。你甚至可以把線上測驗理解成簡化版的技術測驗，只是透過機器自動計分，有時候也有可能是花式的智力測驗或情境選擇題。

以上幾乎涵蓋了所有常見的面試類型。如果不是透過留學的方式而打算直接出國工作的人，大體而言都不會走新人招募路線，這邊就只簡單概述評鑑中心（assessment center）和團體面試（group discussion）的形式。這類面試通常是集合多個面試者一起面試，去競爭一到兩個職缺機會，在儲備幹部和畢業生計畫中最常見，而不是一般職缺的常態。在一天的時間內你會經歷三到五個關卡，有時需要與其他面試者合作，比方說進行小組討論和團體報告；有時則需要競爭，比方說分組競賽和小組互評。不同公司看重的特質不同，有的人很擅長在討論中為別人的意見作總結，但拾人牙慧的策略有時會加分也有時會扣分。有的人比較擅長團隊營造，但只注重整體而忽略個人貢獻的策略有時並不能釋放足夠的個人能力訊號。最好的策略，就是展現真實的自己，因為僧多粥少是個必然，你應該為自己能夠進到評鑑中心而開心，但不必過度因為失敗

而傷心。

如何了解一個公司的面試流程？

知道了基本的面試關卡和公司想要觀察的指標之後，就會發現大部分的面試流程就是這些關卡的排列組合而已。常見的面試流程大致如下：

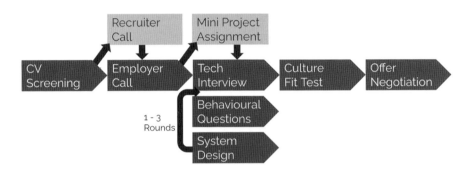

5-3 國際常見的面試流程圖。

在正式進到面試關之前，我會建議你一定要先試著在網路上找找看前人的經驗分享。只要試著用「公司名＋面試（interview）」「公司名＋心得（review）」這類關鍵字去搜尋，常常可以找到前人的面試經驗或者考古題。如果你要找的是特定產業或特定職務的工作，平常多追蹤領域的意見領袖也會很有幫助，因為這些人本身常常就是面試經驗最豐富的人，或甚至就是該職務的資深面試官。

但是除了自己上網做功課之外，還有一件事是你一定要做的：**直接和招募人詢問面試流程！**比較專業的招募人，不管是公司內部的人資部

門或者外部的獵頭顧問，通常都有關於該職位完整的面試資訊，包含面試的流程、關卡的形式、面試官的性格等等。**你應該要主動在第一關電話篩選時，主動詢問接下來的面試流程和內容**，這個第一手的資訊比任何網路上的分享都還要準確。不用擔心自己會不會看起來像是個等待對方洩題的學生，應該要相信對方的專業，對方也只會透露他可以釋出的資訊。你不需要知道實際的考題是什麼，但是如果能從對談中得知公司考試的形式、主要想要獲得的訊號和面試官重視的特質，這些都能成為你專注準備的方向。如果和招募人從一開始就建立起良好的關係，他們甚至能在面試的關卡之間提供一些即時的回饋，讓你有調整的機會。

另外本章節提到的面試關卡，是比較邊準的面試流程。實務上仍有可能遇到由用人主管或創辦人直接進行聊天面試，並主觀判斷過與不過的情境。如果遇到這種狀況，千萬不要因為失敗而氣餒，因為那有非常大的運氣成分在裡面。如果有幸錄取，也可以把握這個得來不易的機會，因為落地的第一份工作都是最困難的，只要有了第一份在地經驗，後面的路都能海闊天空。

面試本身也是一種「專業」

雖然有點荒謬，但很多時候，**面試能力和你的專業能力是兩種不同的東西**。當你的專業累積到一定程度之後，也不要忘了花一點時間，專門為面試做點準備。

網路論壇上甚至有一種說法叫「面試造火箭，上班擰螺絲」，意即面試的考題常常會比你實際工作會遇到的還要困難。這在工程師圈特

別明顯，通常你在面試中遇到的演算法考題，不太會是你日常工作中會實際寫的東西。很多工程師為了通過這樣的面試，會專門去 Leetcode 這樣的題庫網站「刷題」，就像準備大學聯考一樣，不斷地做參考書的習題，而原因就是因為這些考題和你日常生活會用到的工作技能完全不同。

　　站在公司的立場，這是為了篩選出具備一定思考能力的人，或許有可能會錯殺，但找錯人的機率比較低；站在求職者的立場，如果我們已經意識到面試會考的題目和實際工作有所差異的話，**在正式面試之前就更需要專門針對面試進行一些練習**，這點對於國際工作時尤其重要。舉例來說，你可能可以在中文面試的情境很清晰地解釋自己做過的專案和使用的方法，但是同樣的內容，你有辦法用英文傳達嗎？又或者你能夠在日常生活中用已經建立好的 Excel 範本和函數去分析公司每天的報表，但你有辦法從零開始做到資料輸入，並在 30 分鐘內重新建立整套流程嗎？

　　這也就是小時候老師常說的「考試技巧」。最關鍵的當然還是把本業照顧好，但是你也不能天真地以為平常只要工作技能都練到滿等了，面試時自然就能表現出同等的完美。主要原因有兩個：**面試通常有時間限制、面試情境也和你平常的工作情境大不相同**。在工作的時候，你可以有相對充裕的時間去執行一件事，但是在面試的時候，你必須要在短短的 30～60 分鐘內把實力展現出來，而有的人可能比較習慣自己一個人靜下來專注做一件事，但面試中無可避免的，都必須接受有人正在盯著你看的事實。

　　這個時候模擬面試的練習就顯得格外重要，有時候甚至不用找相

同領域的人，任何朋友只要願意撥空聽你說都可以。透過和真人模擬練習的過程，常常會自我覺察自己缺乏的部分：是不是會緊張？是不是想的比說的快？這些都是你自己練習時很難察覺的。如果你能夠透過前面提到的同領域社群或者讀書會，找到彼此可以提供意見的戰友也會很有用。大部分成功面試到夢幻職缺的人都有找人模擬面試的經驗，即使是強者也一樣，所以**千萬不要以為自己專業領域已經無可挑剔，就忽略了練習面試這件事情本身**。

決定目標公司之後，善用關鍵字，常常都能在網路上找到相關的面試經驗分享。你的目標不是為了找到一模一樣的「考古題」，而是透過這個過程去理解這間公司著重的面試方式和重點。對於比較小的公司，找尋同產業的其他面試心得也會很有用，國際知名的雇主評價網站Glassdoor或一些職涯專門的論壇都是尋寶的好地方。

6

不斷測試（Test）：
從人力市場的回饋，
選擇出擊時機

　　職涯是一場連續不斷的旅程，並不是只有一次機會的聯考，你永遠可以不斷嘗試，直到成功為止。只要願意不斷迭代並優化自己，就能漸漸找到進化的方向。

1.被動檢核：以收到第一封獵頭的信為目標，持續優化自己

TO DO

☑ 建立求職儀表板，每週記錄自己的 LinkedIn 數據。

☑ 以收到第一次國際招募人通知為目標，持續優化自己的個人頁和專業。

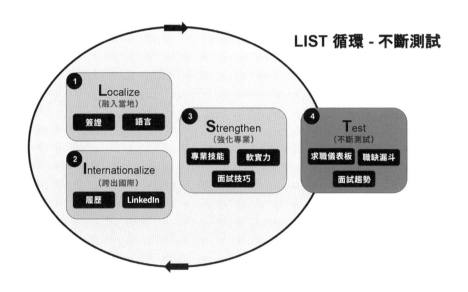

LIST 循環 - 不斷測試

慧心是一個已經在業界工作多年的客戶專員，她的工作表現一直都很不錯，所以當公司宣布因為需要調整財務體質而裁員時，她還不以為意，直到發現資遣名單裡頭也有自己。

她的孩子才剛滿兩歲，她知道自己必須要趕緊找到下一份工作才行，於是重新拿出當初讓她找到這份工作的履歷，簡單更新一下之後開

始到處投遞。這份履歷的歷史悠久，在校時期曾利用職涯中心的資源修改過，也曾經找比較厲害的同事幫忙看過，不過這一次一點效果也沒有，一開始主動投的50個職缺都沒有下文。她有點慌了手腳，可是也不太確定問題到底出在哪，明明自己現在應該比三年前更有經驗了才對啊，她又試著修改履歷，甚至按照網路上的範本，又大大地修改了幾輪，但是效果都很有限，就這樣過了兩個月……

找海外工作最好用的領先指標是什麼？

這樣的故事，你或你的朋友可能都曾遇過，不管是剛畢業的時候、剛轉職的時候，或者剛從一個職等換到下一個職等的時候。問題不是你從來沒寫過一份好履歷，而是在若干年後，你已經不再確定自己的履歷是不是還處在足夠有競爭力的狀態。精實創業裡頭有一個核心精神：**最大化學習**。重點不是需要你一次就成功，但必須要在每一次的失敗中，學到下一次可以實驗的改進方向。要能讓學習有效果，設定正確的觀察指標就是最重要的一件事。當我們把精實創業的精神套用到海外求職，什麼是我們可以用來觀察的指標呢？

在找工作的過程中，最直接的成功指標就是拿到錄取合約。你能夠拿到的offer越多，就越有自信進行後續的薪資談判，或繼續向更高薪、更有潛力的工作機會進行挑戰。而錄取合約的數量和你面試的數量相關，假設你參加每場面試的通過率是一致的，拿到越多的面試，就有機會拿到越多的offer。我們可以把這段公式化約如下：

Offer數量＝面試數量×面試通過率

面試通過率比較單純，這裡直接對應的就是你的面試能力，包含專業實力、臨場反應和目標公司的文化契合度。關於實際的專業實力與面試技巧，我們已在上一章提過，但要如何增加自己面試的數量呢？可以像本節故事主角慧心一樣，直接大量海投碰運氣，而更有效的作法則是採取順序性的作法：**先被動地讓招募人連繫你，等到你確定自己的履歷經歷都到位了之後再主動出擊。**

被動連繫的多寡，直接取決於你的個人頁面的觸及數與轉換率，也就是我們上一章提到的 LinkedIn SEO 優化技巧。只要你的個人頁面越容易被搜尋到（觸及數高），在搜尋結果的呈現就越容易讓招募人願意點選（轉換率高），就代表你的個人頁面越有效。

這些在 LinkedIn 上驗證過的文字，也是可以直接沿用到履歷上、未來主動投遞時使用的內容，試想：如果同樣的內容已經同時經過機器驗證（會出現在搜尋結果的上半部不被過濾掉）和人工驗證（招募人看到結果願意點擊），有什麼比這個更能快速迭代的驗證方式呢？如果我們把上面的脈絡再進一步簡化，可以得到這個公式：

面試數量 = 主動應徵的數量 + 被動被聯繫的數量

被動聯繫的數量 = 頁面觸及數 X 頁面轉換率

= 搜尋結果顯示次數 X（搜尋結果頁面呈現 X 工作經歷相關性）

<small>關鍵字 + 地點 　　　大頭照 + 個人標題 　　　近兩份工作公司名和職稱</small>

上面這個公式裡的**搜尋結果頁面呈現 (Search Engine Result Page snippet, SERP snippet)** 是一個網路行銷界的術語，它代表的是你在某個平台中被搜尋時，結果列表上所呈現的樣子。做為一個想被搜尋的產

品，要怎麼在這短短的片段資訊中讓搜尋者願意點擊，就是SEO的關鍵之一。**搜尋結果顯示次數**則是檢驗自己履歷健康程度的關鍵指標，它代表的意義是你在LinkedIn平台上被搜尋到的次數，約略等於你被這個世界上的招募人搜尋到的總次數。一般使用者雖然也可以直接搜尋某個人的姓名，但數量遠不如使用搜尋後台尋人的企業用戶和招募人，這也是為什麼這個數據很值得做為檢驗自己的履歷是否到位的領先指標。

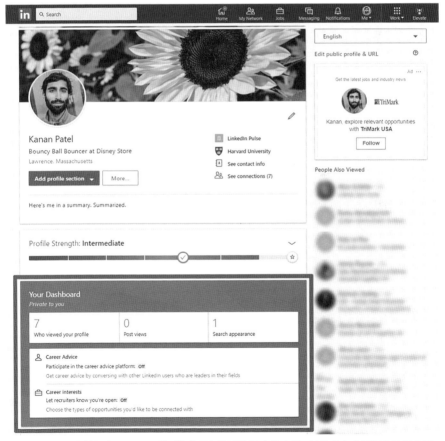

6-1 LinkedIn 上的個人頁面可以看到你出現在搜尋結果中的次數，以及多少人看過你的個人頁。
（資料來源：LinkedIn Help Page）

所有科學化的指標都可以分為領先指標和落後指標，落後指標常常是結果，而**領先指標才是可以提供我們及時修正機會的好工具**。在新創圈小有名氣的《師父》這本書裡也提到，在創業過程中找到能讓你洞燭機先、了解事業狀況的簡單指標，才是成功的關鍵❶。

舉例來說，在經營新創事業時，最終的營業額是落後指標，產品的訂單數則是領先指標，雖然公司的目標都是提高營業額並賺到錢，但你必須到每一季甚至每一年度結算的時候才會知道結果，相比之下，訂單數越高營業額就越高，又能夠每個月甚至每週請業務直接回報結果，就會是更容易追蹤的領先指標。

套用到出國工作上，如果最終拿到的錄取通知的數量是像營業額一樣的落後指標，你被招募人搜尋到的次數就是很好的領先指標了。如果一開始就直接海投，你很難在短期之內知道自己履歷和經歷的有效性並及時修正，使用搜尋結果顯示次數，就能幫助你以每週為單位開始迭代。我們可以試著從這個指標出發，建立起專屬你國際職涯的**求職儀表板（Jobs Dashboard）和求職漏斗（Jobs Pipeline）**，開啟LIST原則的測試循環。

善用求職儀表板來檢驗找海外工作的成效

如果我們把自己當成一個產品，自把個人履歷上架到國際人力市場上，到拿到雇用合約的過程，大致包含下列四個關鍵活動：**曝光給招募人、招募人主動連繫、進入面試流程、獲得面試合約**。就像業務單位在優化業務流程會使用的方法，我們也可以透過記錄關鍵活動的數據，來

檢驗自己是不是走在正確的路上。

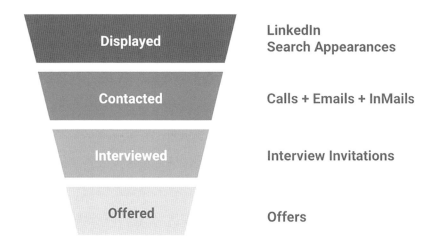

6-2 求職漏斗的轉換率流程。你越容易被搜尋到，就越容易增加被連繫的次數、增加更多面試，
　　拿到更多錄取合約。

　　每一個職缺面試的關鍵活動，都有對應的數據可以參考。舉例來
說：

- **曝光**：被搜尋的次數。
- **連繫**：被連繫的次數（電話連繫次數＋email連繫次數＋LinkedIn
  InMail連繫次數）。
- **面試**：獲得面試的次數。
- **合約**：拿到錄取通知的次數。

　　只要開始使用LinkedIn，這些數據都能免費取得。在個人頁面中，
系統每週會更新一次「搜尋頁面顯示次數」（Search Appearances）和

「查看你個人頁面的人次」（Who viewed your profile），這其中也包含搜尋你的招募人的所屬公司（Where your searchers work）、他們的職務（What your searchers do），以及搜尋到你時使用的關鍵字（Keywords your searchers used）。這些都是非常珍貴的資訊，不僅可以即時知道自己LinkedIn的經營成果，也能進一步知道履歷關鍵字的優化是否到位、是不是已經進步到可以吸引到你的夢幻公司的程度了。

查看人次也是一個有趣的數據，一般來說，它可以用來代表你在搜尋結果呈現之後，有多少人會進一步點擊搜尋結果，然後到達你的個人頁面。但是這個數據很容易被你近期新增的好友數量影響而產生波動，如果你最近參加一個演講活動加了很多好友，又或者你在網路上的職涯社群分享你的Linkedin連結而獲得很多點擊，這些都常會讓查看人次大幅增加，但卻不見得和個人頁面經營成效直接相關，所以你可以額外記錄下來做為參考，但不必過度解讀。

至於被連繫的次數，就需要自己每週手動進行整合統計了。不同地區招募人的習慣不同，舉例來說，英國的仲介很喜歡透過電話連繫，德國的招募人比較常透過平台上的私訊功能（InMail）進行溝通，日本和新加坡的招募人在跨海時則更常用email連繫。所以你也不必對於單一管道過度執著，把這三個管道的數據整合起來獲得的總連繫次數，才是檢驗你的經歷是否已經到達國際程度的有效指標。你可以把統計採樣的時間點對齊LinkedIn上的時間區間，就能有效地建立專屬自己的求職儀表版了。實際獲得面試的次數和拿到錄取通知的次數，也可以用相同的方式手動統計。

週數	日期	地點	連結數	觀看數	搜尋數	信箱聯繫	站內聯繫	電話聯繫	關鍵字	筆記
LIST 原則求職儀表板											
1	01/07	台北	87	8	13	0	0	0		開始實驗 :)
2	01/14	柏林	96	18	37	0	2	0	Engineer + Software engineer System developer + Integration engineer	修正 summary 欄位
3	01/21	柏林	101	7	40	1	1	0		無
4	01/28	倫敦	114	15	28	0	2	1	Master	改變地點，增加技能首度接到電話
5	02/04	倫敦	123	10	99	4	5	1	Software Engineer Engineer + Lead Designer + Experience Designer	新增推薦人搜尋關鍵字開始符合預期

6-3 求職儀表板的示意圖。LinkedIn 的數據每週更新一次，你可以自主記錄這些數據，並統計被聯絡的次數和面試邀約，甚至加註搜尋關鍵字和你的優化心得等資訊。

確認履歷是否已經到達國際等級

儀表板建立後，可以試著先觀察 2～3 週，建立數據基準值。之後以雙週為單位，每兩週按照第四章的作法，進行關鍵字、簡介和經歷陳述的微調，持續性地獲得國際人力市場上對你這個人的客觀評價。如果你按照本書提供的方法，一步一步實踐，應該可以逐步看到自己成長的軌跡了。

這個階段的重點不是拿到面試合約，而是確認自己的履歷和經歷是否已經到達國際等級。如同本章一開始提到的最大化學習的概念，透過這些指標，就能即時調整自己的履歷、關鍵字和用詞，甚至意識到目前的年資和專業是不是已經擁有跨國實力。

比方說，如果你發現自己的搜尋次數很低，那可能表示你的自我搜

尋優化還沒完成，可以重新參考第四章的步驟，從檢查求職地區、好友數量以及個人技能關鍵字是否符合目標工作的用語開始調整；如果你的搜尋次數很高但查看人次過低，表示招募人看到你之後沒有點擊你的個人頁面，這樣的話就要思考大頭照、自介標題、公司知名度的問題；如果搜尋和查看次數都很高但連繫次數不足，表示招募人看到你的個人頁面之後覺得你不符合資格，就要思考自己的工作經驗是否寫得不好、技能背書、推薦不夠，或檢附的連結是否足夠展現你的專業能力？比方說工程師是否附上了活躍的 Github 帳號？設計師是否有完整的作品集？客戶經理是否有知名的品牌列表？商務開發是否有足夠的跨區落地經驗？

假如統計了幾個月，各項數據還是沒有起色，也不必氣餒，因為和籌措大筆經費直接出國比起來，到目前為止你還沒有任何損失，更棒的是，你現在更了解自己履歷和經歷的盲點了。

檢視自我職涯的好時機

這其實也是很好的一個自我職涯檢視時機，假設你已經按照上述做法完善了你的 LinkedIn，也已經盡最大的努力強化專業了，卻還是效果不彰，可能就是該認真思考職涯規畫的時刻了。這有幾種可能：

- **你的工作資歷還不夠：**資歷不是單指年資，也包含你工作的深度和廣度。市場上永遠不缺新手，但是能持續在同一個產業或職業耕耘到中高階的專家卻很稀少，這一點在全世界的人力市場都是相同的。如果你的目標是挑戰海外，就必須主動選擇比現狀能更有效累積資歷的方法——有沒有可能在現職開創並領導一個新的

專案呢？有沒有辦法開啓一些有趣的業餘專案來增加自己的專業廣度？是否要先轉職到讓自已可以成長更快，或國際名聲更響亮的公司呢？

- **你建立的技能樹可能不是目前國外需要的**：因爲產業區位的不同，每個地區需要的工作技能也不相同。舉例來說，台灣硬體相關的產業較發達，對於偏硬體的工程師就比較吃香；但歐美剛好完全相反，可能是網路相關的技術人力比較缺乏。又比如台灣的行銷比較重視社群經營和品牌管理，但歐美的行銷可能更重視數據分析和行銷自動化的工具如 Google Analytics、Marketo、Hubspot 的使用經驗等。如果有心找海外工作，可以透過第五章提到的方法，先透過職缺看板，調查該地區的職缺需求、主要缺哪種技能的人，再慢慢開始累積新的技能樹，或直接改朝其他地區發展，逐步轉進到自己的夢幻地區。

你可以以「每週至少收到一次國外招募人的通知」爲目標，做爲自己是否達到國際專業的基準檢核點，也就是第二章提到的求職 PMF。如果經過五、六個循環仍然達不到 PMF，也許就是進行職涯軸轉的時機；反過來說，如果已經找到了 PMF，就可以揚帆啓航，向全世界投遞你的履歷。

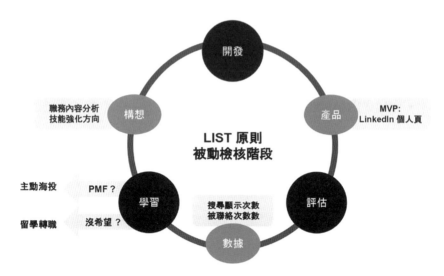

6-4 被動檢核階段的原理是以 LinkedIn 為最小可行商品，透過領先數據進行驗證的過程，優化、量化、軸轉的選擇，都以求職儀表板的數據為依歸。

　　很多時候選擇比努力重要，這一點在國際職場上又更為刻骨銘心。**累積實力是你成為國際專業人士的基礎，但選擇賽道也是一項必須持續練習的功課**。有了指標之後，就能客觀地觀察現況，問問自己的內心，做出繼續向前或者適時轉向的選擇。但不管你最終的決定是什麼，如果選定了方向，就義無反顧地前進吧！

用獵頭的第一通電話，重新檢驗自己的英文溝通能力

　　第一次收到來自國際招募人的訊息時，那種成就感是很強、很深刻的，好好犒賞自己，享受那個當下吧！隨著你收到的訊息越來越多，你會越來越有自信，也會漸漸培養出識人和識職缺的能力，不再因為一封

婉拒信而憂鬱，不再因為一個機會而狂喜。

　　你會遇到各式各樣的招募人：有的人會直接提供給你履歷的建議，讓你更容易通過特定職缺的篩選；有的人會在拒絕你之後，三天內把同樣的職缺再丟給你一次；也有的人會神祕兮兮地告訴你這是一個機密職缺，不行動就沒了，但你很快又從其他三個獵頭得到一模一樣的資訊。這時候你可能會自問：為什麼不把時間用來專心鑽研本質學能，還要特別花力氣走過這些循環和交涉呢？

　　因為這種和全世界溝通練習的機會，將會成為你國際職涯中最重要的寶藏：如果遇到好的招募人，他可能是協助你建立職涯方向和履歷回饋的貴人，即使遇到不好的招募人，也可以把每一次的連繫，當成是訓練英文書信和英文會話的機會。久而久之，就能抓到目標地區的招募人大概都會問哪類的問題，五花八門的口音也不會對你造成任何阻礙。這種以戰養戰的方式，是你練習專業外文溝通能力的最佳機會，而且完全免費！與招募人頻繁的接觸還可以協助你建立自信，當你知道自己手頭上有這麼多潛在的機會時，就不會患得患失，**也不必屈就於自己不喜歡的機會，真正拿回自己選擇的權利。**

　　以我為例，2015年抽到英打簽之後，我還沒找到工作就隻身前往英國了。出發前我從沒去過倫敦，只帶了3000英鎊在身上，那時估計大概只能夠我在倫敦撐三個月，可是我卻不怎麼感到緊張，因為比起同期類似背景的朋友，我在出發之前已經接到十通以上的招募人電話，從一開始鴨子聽雷，到後來能夠侃侃而談，甚至主動和招募人開玩笑，我就知道自己一定可以辦得到。使用一樣的方法，我相信你也可以。

2.主動出擊：建立自己專屬的夢幻 職缺清單，用求職漏斗規畫時程

TO DO

☑ 從不同的求職管道找到50個職缺，建立自己的備選、理想、夢幻職 缺清單。

☑ 找到夢幻職缺的潛在推薦人和社群，做好功課之後試著連繫看看。

用備選職缺來驗證，把理想和夢想職缺當成作戰主力

講到這裡，大家心裡可能還是有點不踏實：所以我真的只需要被動 等待連繫，完全不需要主動應徵任何工作嗎？答案：還是需要。不過不 是亂槍打鳥，而是進行策略性的分次進擊。

經歷過大學選系選校的人，可能還記得小時候老師對於填志願序的 教誨：能填的表格是有限的，不要全部都填你的夢幻志願，也不要全部 都填穩上的科系。找國際工作也是一樣的道理，你可以先把所有想要投 遞的職缺表列出來，然後區分成三類：

- **夢幻職缺**：沒有把握可以通過面試，但是一旦錄取，就一定會去 的機會。
- **理想職缺**：不一定符合完美工作的所有面向，但是很想試試看的 工作。
- **備選職缺**：沒有明確的資訊判斷工作優劣，但是技能或領域符合 自己專業的工作。

　　假如在被動檢核的階段，你相信自己的履歷和經歷已經達到理想程度，搜尋顯示次數不少但卻沒有收到太多招募人連繫，也許就是你可以考慮主動出擊去驗證的時機。這時候備選職缺區的工作就是可以用來驗證的子彈區，你可以在被動檢核階段的後期，同步開始小規模的應徵測試，投遞一些備選職缺，且不是以LinkedIn爲主要徵才管道的工作。

　　唯有確定是求職管道而不是個人實力的問題之後，才應該開始大量投遞理想職缺，避免用沒準備好的履歷浪費自己的理想機會。夢幻職缺又更爲珍貴，你應該留在最後再出擊，因爲經過了前幾次測試的循環，以及與招募人的口說練習，這通常也是你準備最充分的時候了。換句話說，同樣是主動投遞，你要達成的目標其實有兩種：**一是輔助被動檢核的MVP驗證、二是找到PMF之後的火網打擊**。這就是《孫子兵法》裡說的：「凡戰者，以正合，以奇勝」，翻成現代的白話文就是：「不要動不動就無腦All IN，要保存實力、分批投入。」

從地區、產業、公司大小開始，找對管道才能事半功倍

　　我們該怎麼建立這些潛在職缺清單呢？可以先從下面三個角度做區分，重新檢視自己最重視的面向：

1.地區：想要投遞的地區、國家、城市是哪些地方？

2.公司大小：想要投的是大型跨國企業、在地的產業龍龍頭、小型私人企業，還是早期新創企業？

3.產業：想要投遞的是科技業、傳統產業、顧問業，還是一般服務業？

就像前面章節提到的，不同公司所重視的人才類型也有所不同，即使把自己當成最小可行產品來行銷全世界，一樣得從一個較小的細分市場切入才容易成功，因為當一個產品試圖取悅所有人的時候，也就代表這個產品不能完美地滿足任何人的需求，而這意味者取捨。

比方說，你的目標是德國，那你可能就會投遞在德國所有可能的產業和公司型態，這時你就必須準備更客製化的德式履歷，才有比較大的成功機會，又或者你的目標是轉進科技業，那麼地區和公司類型就不那麼重要，應該更積極尋找世界各地有潛力的早期新創，甚至擴大自己的職稱範圍，比如說你的專長是業務，那就從商業開發職到客戶成功經理（Customer Success Manager) 都調整試試看。

不管你是什麼專業，國際職缺通常可以透過下面幾個管道主動投遞：

- **企業官網：**只要到目標公司的官網，搜尋 jobs 或 career 這兩個關鍵字，大概都能夠找到對應的職缺頁面和投遞管道。

- **LinkedIn Jobs：**LinkedIn Jobs 是一個針對個人用戶的功能，你可以直接在上面根據職稱和地區找工作，也可以看到針對你的 LinkedIn Profile 自動推薦的相關工作，然後一鍵投遞。

- **人力資源網站：**使用方法和國內的人力網站類似，你可以在上面瀏覽職缺，也可以直接上傳你的履歷等待公司連繫，這類網站也常常是人力仲介比較多的地方。世界上前兩大的人力資源網站是 Indeed 和 Monster，全世界都適用。不同地區也會有地區專屬的求職網站，像是星馬泰地區的 JobsDB、澳紐的 Seek、英國的 Reed、日本的 Rikunabi（リクナビ）等。如果已經鎖定了目標

地區，就可以直接上網搜尋「目標地區＋求職網站」，通常都能找到完整的人力網站清單，可以多方嘗試。

- **專業網站**：有的職業或產業會有額外專門針對這個產業的職缺布告欄，這些管道因為受眾專一，常常能找到不錯的公司或提供簽證的工作機會。比方說軟體工程師可以用 Stackoverflow Jobs、設計師則有 Dribble 和 Behance、PM 也有 MindTheProuct 等等。

- **新型態的求職網站**：科技業現在也開始流行起一種新型態的人力仲介服務——由公司來應徵你，而不是你去應徵公司。這類型的網站一樣需要你先在網站上建立好自己的個人頁，上傳一些專業相關的證明（作品集、開源專案等），平台方會有專業的業內人士針對你的能力進行預先考核。考核通過之後，平台方會主動派出一位求職顧問與你連繫，並在每次有公司要找你面試時，提供專業的教戰守則，甚至包含薪資談判的訓練等。許多一線公司也會透過這類平台來徵人，也可以算是一個有趣的嘗試管道。這些平台發跡的國家不同，職缺數量通常在發跡的國家最多，但多少都會涵蓋到一個以上的國家，不妨去試一試。Hired.com 是其中最悠久職缺也最優質的平台，對自己專業實力有自信的人可以先從這邊起步，歐陸區則有 Talent.io、Snap.hr 等。以全球新創職缺為主的 AngelList 也在收購了 A-List 之後，往這個方向發展。另外本土的新創團隊 Meet.jobs 主打快速面試，也有提供大量跨地理區的職缺，不妨也試試。

除了平台，在工作時累積的人脈也都會是潛在可以主動出擊的管

道。不管是前同事主管、供應商、客戶、過去打過交道的獵頭或人力仲介，甚至是在產業活動上認識的同行，都是很好的工作資訊源。國際人才流動是個世界性的趨勢，不只限於台灣，這些過去的交集現在可能也已經走到了世界的其他角落。只要努力在工作上建立起自己的聲譽，並在適當的時機主動提到你在找國際機會的消息，機會常常會不在你念念不忘的時候產生迴響。

不同的求職目標，會有不同的選擇

總結來說，依據求職目標的不同，你可能會有以下選擇：

- **如果目標是進特定的公司**：直接去該公司的 career / jobs 頁面或 LinkedIn Jobs 投遞履歷吧！你也可以試著在 LinkedIn 上搜尋已在該公司工作的招募人、學長姐、二度連結等，詢問他們是否能幫忙投遞履歷，進行內部推薦。

- **如果目標是進新創公司**：在新創領域特別有效的世界平台是前面提過的 AngelList，你可以仿照經營 LinkedIn 的方式在上面建立自己的個人頁面，然後透過平台，主動投遞給心儀的公司。新創公司初期因為知名度不高，本身也很常透過該平台來找人，常常能對接到雇主方的招募人或創辦人，跳過中間層的獵頭。

- **如果目標是一線公司**：內部推薦才是最重要的。這類公司的特色是僧多粥少，對專業能力的要求較高，職缺不會出現在其他平台上，直接透過公司官網應徵的話很容易收到無聲卡。但如果能找到內部員工幫你背書、推薦的話，就可以保證公司內部的招募人

會看到你的履歷。

這類公司內部的招募人通常也具有很高的專業素養，有的會直接在該領域的專業平台上找人，但最常使用的仍是LinkedIn，有許多台灣朋友就是透過LinkedIn被帶到FAANG級公司的海外辦公室的。

· **如果目標是取得身分**：通常在領域專門的網站上都會附加職缺看板，常常也會有一些簡略的篩選器功能。以軟體業的Stackoverflow Career為例，你可以透過勾選「Visa Sponsorship」（贊助簽證）這個選項來找到願意提供簽證的雇主。這類職缺看板和綜合型的職缺看板不同，因為你已經在平台上展現了自己的專業能力，有較高的機會可以直接對接雇主，主動應徵的效益也比較高。

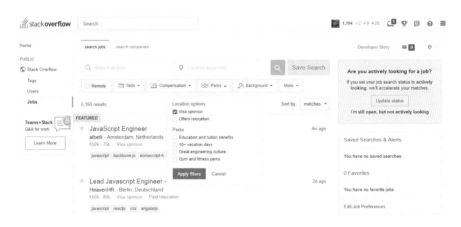

6-5 在一些專業網站的職缺看板上可以過濾出贊助簽證的工作。
　（資料來源： Stackoverflow Career）

主動祕技：善用內部推薦的管道

　　除了前面提到的幾種找工作的方法，如果你能找到已經在目標公司工作的朋友，內部推薦常常是更為有效的方法。內部推薦雖然不保證你能100%通過面試，卻能確保你的履歷至少能夠送到人資部門，或者用人主管的手上進行審核，提升自己的履歷被看到的機會。在各領域特別熱門的一線公司，每個職缺的求職者常常也都是數以千計，很多履歷甚至在真人還沒看到之前，就被ATS系統過濾掉了。相對於官網投遞，內推至少能夠保證真人能夠看到你。

　　有的人誤以為內部推薦是請人幫你「走後門」，其實這是一個很大的誤會，因為公司也很希望自己的員工能幫忙公司進行招募。背後的邏輯也很單純：適任的員工，他的朋友、同學或以前合作過的同事，就會有很高的可能也是類似專業，或有類似文化契合度的人。一些公司內部的統計數據也顯示，內部推薦的求職者，面試成功率也比外部廣徵的求職者來得高。許多公司也都設有推薦獎金的制度，鼓勵公司內部的員工來協助進行招募。

　　那麼，如果自己的朋友圈沒有任何目標公司的內部推薦人呢？你也可以試著主動去尋找同校的學長姐，或在LinkedIn上好友圈的二度連結，尋找相關的連結來詢問。這也是留學最大的好處之一：「**人脈」常常可以透過校友會或同樣網域的學校信箱來取得**。這幾年隨著在海外工作的台灣人數增長，也有越來越多人意識到團結互助的重要性，非常多的在地社群都有前輩願意提供在地的內推機會，英國的「TEiUK」、美國的「矽谷輕鬆談」和「半路出家的軟體工程師」、東南亞的

「XChange」、NEX Foundation 提供的「NEX Work」內推平台、另外還有澳洲、日本、新加坡、德國的各地社群等等，只要上網做點功課，大致上都能找到熱心的前輩。

不過要記得：**要先讓自己成為一個值得幫助的人，才能讓全世界願意幫助你**。在請求他人幫忙之前，請先充實好自己的專業能力，並把履歷和LinkedIn準備完成。沒有什麼比功課都不做，只會當個伸手牌更能澆熄前輩的熱情的，更別提過河拆橋或指責推薦人推薦不利的誇張行徑。我聽過最瘋狂的故事，是求職者直接告訴推薦人：「我知道你推薦成功會有獎金，我入職之後你獎金要記得分我一半。」出門在外，大家都知道彼此的辛苦，也因為都是過來人，才有這份彼此幫忙的真心，請好好珍惜我們文化裡的這份良善。這邊也不建議濫用他人的善意，只有你真正會考慮入職的夢幻和理想職缺，再請人幫忙內推。

那麼要怎麼請求幫忙內推才不失禮呢？不同公司的政策可能略有差異，但通常內推系統上需要的資訊不外乎這幾項資訊：

1.求職者的履歷或LinkedIn。

2.求職者目前所在的國家及簽證需求。

3.目標職缺的職缺連結。

4.推薦人推薦求職者的理由。

職缺連結就是公司官網徵才頁面上標註職缺名稱和職務內容的頁面連結，而推薦理由，則可以用第四章提到的草擬推薦函的方法，由你寫一小段自己適任的理由和亮點，再傳給推薦人。

如果是請求素昧謀面的前輩幫忙，建議第一封訊息可以簡單地說

明自己的背景、希望對方幫忙的原因，以及希望內推的職務和自己的 LinkedIn。如果對方願意幫忙，再把上面這四項資訊提供給對方，不管最後有沒有成功錄取，都不要忘了回頭感謝願意對你伸出援手的人。未來等你行有餘力的時候，也請記得，你也同樣是能夠對周遭的人伸出援手的人。

隱藏祕技：抓住大規模徵才的時機點

我剛畢業的 2010 年代初期，正逢日本企業大舉海外徵才的時間點，台灣人尤其是被日本企業青睞的族群。除了文化理由，台灣人中英文的基礎能力加上常常自帶日文基礎的特性，也讓許多企業和人力派遣公司來台跨海面試，甚至提供前往東京的面試機票，其中又以 Toshiba 為代表。

2015 年左右，另一波大舉徵才的潮流換到新加坡。從護理、幼教、醫藥、軟體，幾乎所有職業都有面試機會，也有許多新加坡的新創在台灣開設辦公室進行徵才。到了 2018 年，這一次換到了歐洲軟體業，以 booking.com 和 spotify 為首，荷蘭和瑞典的許多新創公司也開始大舉向台灣人招手。而 2022 年的現在，美商科技業也開始加強在美國本土之外的海外辦公室徵才力道，廣發英雄帖。

這種短時間大量釋出職缺的機會點，通常也就是跨出海外的最佳時機點。如果你還記得第四章提到的招募人招聘流程，這也就是職缺缺額遠大於人才庫的時刻。雖然用人標準不一定會有所降低，但這代表招募人必須加大自己的選才範圍，所以求職者能夠進到面試關的機會就會大

為增加。

　　這種機會點是可遇而不可求的。你唯一能做的，就是按照本書提到的方法，把自己準備好，在機會降臨的時候，跳上火箭。而做為求職者要怎麼樣感應到這個趨勢呢？**主動加入自己所屬領域的專業社群就是一個很好的辦法**。當你發現相關社群貼出的國際職缺訊息越來越多，社群裡的朋友前往某一地區的人也越來越多的時候，你很有可能已經踏在浪尖上了。

3.以戰養戰：別怕失敗！重要的不是通過面試，而是拿到籌碼

TO DO

☑ 建立自己的求職漏斗，記錄每一次求職的時程和反饋。

☑ 記錄每一次面試的熱門考點、流程和潛在薪資範圍。

☑ 建立每季回顧報告，重新針對專業、語言、地區進行檢討，開始新一輪的實驗。

從業務漏斗學習面試排程

找齊符合自己需求的面試管道和夢幻職缺分類之後，下一步就是提槍上陣了！如果你曾經看過業務的工作模式，會發現他們多半都有使用業務漏斗這個工具，類似先前提到的應徵漏斗圖，用來記錄每一個潛在客戶的關鍵活動。因為並不是每一個潛在客戶都一定能走到漏斗最下方的成交步驟，怎麼同步記錄每個客戶的不同銷售階段，並進一步標注日期來檢驗自己的時間分配，據此建立數量龐大又高品質的顧客清單，就是是否能夠成為頂尖業務的關鍵之一。

求職的過程也是一樣的，在你被動和主動尋找職缺的過程中，一定要把職缺列表記錄下來，這就會是潛在的理想工作清單。你可以從這個清單起步，套用面試過程中的各項關鍵活動，然後按下列步驟建立自己的求職漏斗，再開始主動應徵：

1.列出所有目標職缺：依照公司名稱、職缺、地點、工作內容，把

自己的夢想工作清單先列在 Excel 或 Google Sheet 表格上。

2.**排定志願序：**就像大學入學考試排志願序一樣，你心裡一定也有自己的夢幻工作。依照自己的喜好和面試困難度把清單分成三組：夢幻組（你最想去也最難達成的職缺）、理想組（你很想去，大概和你目前的經歷能力都完全符合的職缺）、備選組（你會考慮去但資訊不明的職缺）。

3.**設定死線：**創業永遠不會有準備好的一天，面試也是。當清單建立之後，一定要同時為自己設立一個死線，告訴自己這天過後，不管準備的狀況如何，一定就要開始行動。記得面試成功的關鍵是以戰養戰，不用很強才開始，只要開始就會變得很強。

4.**建立儀表板：**每家公司的面試流程可能略有差異，但通常都一定會經過履歷篩選、電話面試、現場面試、口頭合約、薪資談判五個步驟。當啟動面試之後，可能同步會有很多面試同時進行，透過記錄每一個面試所處的階段和下一個時程，就能即時意識到自己是不是短時間內安排了太多面試，又或者不同面試之間間隔太長等等。

5.**即時回顧並加強訓練：**每一場面試都是一個學習機會，不管有沒有拿到 offer，記得都要把這個過程記錄下來，附註在表格上。面試五、六場之後，再回頭看筆記時，你會驚訝於自己短時間內的成長。

					LIST 原則求職漏斗								
公司名稱	職缺	投遞管道	工作地點	下個時間	投遞職缺	初步聯繫	線上測驗	電話面試	現場面試	口頭合約	薪資談判	公司回饋	筆記
B社	FE	內推	東京	10/23					■				
A社	EM	官網	柏林	11/05			■						
M社	FE	官網	阿姆	01/08						■			
C社	BE	領英	新加坡	10/11									
Q社	FS	Ind	溫哥華	12/01							■		

6-6 包含時間軸的求職漏斗範例。

透過面試可以拿到的有效籌碼

有人會開玩笑說，面試的結果就是七分靠實力，三分靠運氣，有的人甚至覺得運氣成分比實力更重要。確實，面試結果不可控制的因素很多，包括當天的臨場狀態、面試官和你的化學反應、職缺是否在面試的過程中就被填滿了等等，這些說不定都比你實際的面試表現還具決定性。只要面試的數量越多，失敗的次數也會越多，這是不可避免的。但還是要盡己所能，以拿到 offer 為目標，但是追求每場面試都拿到 offer 是沒有意義的，更重要的是同樣發揮精實創業的精神：**每次迭代的重點不是追求短期營收（offer 數量），而是學習可以規模化的有效作法（面試籌碼）。**

透過大量面試你可以拿到哪些有效的籌碼呢？

1.第一手的市場熱門考點：同一個產業或同一個地區的公司，面試

的題型和流程通常都很類似，但這些都是會隨時間產生變化的，在網路蒐集到的資訊，絕對不如你的實戰觀察。如果你發現面試了兩、三次考點都類似，那就是值得你花額外力氣加強的關鍵考點。

2. **獲得和其他公司談判的權利：**公司已經花時間和你面試，那就是一個沉沒成本，如果你完全符合資格，他們當然希望你會願意簽約上工。反過來說，如果你能在同一時期拿到多家公司的offer，就有更多籌碼和不同公司談出對你有利的條件，這也就是競爭合約（competing offer）的概念。除了薪資福利之外，還有很多東西是你可以談的：比方說A公司是你比較想去，但因為他們組織龐大，流程比較長，你就可以試著用其他家公司的面試當籌碼，請A公司的招募人幫你加速面試流程。又或者你想要延後上工的時間、想要比較符合市場流行的職稱抬頭等等，只要你同時有其他面試在進行，有時候甚至不需要拿到offer，都足以做為你的談判籌碼。

3. **源源不絕的自信：**大量面試可以帶來一份最重要的禮物：自信。隨著面試的經驗越來越多，你會發現自己臨場表現越來越不容易失常，也越來越不容易因為單一面試官不專業的表現，而影響你的心情，更重要的是，你不會因為一次失敗就覺得天崩地裂，因為你早就失敗過了，不差這一次，而且你手上有的是機會呢！
自信是一種很有趣的特質，所有人都知道自己應該要更有自信，但是你沒有辦法靠著告訴自己「要有自信」就產生自信，你一定要在一次又一次的試驗和失敗之後，才會在不知不覺中，變成一個不怕失敗的面試者。這種自信和餘裕，也是薪資談判的關鍵。

　　我觀察到很多人不敢踏出第一步的理由，其實就是怕被拒絕。怕面試被拒絕、怕被招募人拒絕、怕被冷冰冰的現實拒絕。那真的很痛，即使出社會已經這麼多年，我也還是會因為被拒絕而感到心痛，但這也是決定出國工作的人絕不能逃避的功課，解決的方法無二，就是**早點逼自己去失敗**。從小小的失敗開始，不要一開始就承擔孤注一擲的結果，而是從一次次無關緊要的練習中，讓自己開始接受失敗就是成功的一部分，沒有任何人的成功是不包含失敗經歷的。雖然你不能讓被拒絕成為開心的事，但至少能開始為自己劃定一個範圍，從每個月一次開始，然後兩次、三次，直到這種心痛不再影響你的行動為止。

小心冷凍期，但別害怕嘗試

　　前幾年網路上有個關於Google的傳聞，說只要面試失敗過三次，就會被關進「小黑屋」裡，在人資系統上永不被錄用。因為Google常年在各個領域都是全球理想雇主的前十名，很多人反而因為害怕而不敢寄出履歷，深怕自己因為準備不足就永遠和夢想職缺無緣了。

　　但同時也有另一個傳聞：80％進入FAANG級公司的員工，都是至少面試過兩次以上才成功入職的。前後花了五年時間，面試過3～5次才成功的也很常見，只面試一次就被錄取的反而是少數。

　　具體的數字並不可考，但不管你相信哪種說法，「冷凍期」是一個真實存在的限制，基本規則是一個求職者面試失敗後，必須等6～12個之後才能再重新遞出申請。這是公司方為了避免不適任的求職者反覆投遞相同職缺所設下的限制，背後邏輯是一個求職者要能補足這次面試

中的弱項，至少會需要半年到一年的時間才有可能。不同公司的規定並不相同，有的是在履歷關被拒絕之後就進入冷凍期，有的是要真正進入最後一輪的現場面試或評鑑中心才開始計算。針對冷凍期的範圍也有差異，有的是冷凍期內不能對同一公司再次申請，有的則是冷凍期內不能對同一職務進行申請。

　　既然如此，這是不是表示我們「快速迭代、大量面試、以戰養戰」的求職策略是錯的呢？在準備不足的情況下趕鴨子上架，是否只是讓自己成為砲灰的自殺行為？這應該要從戰略面和戰術面兩個層級來思考。

在實現夢想之前，你得先好好活著

　　在戰略面上，這仍然是一個最直接、有效的策略，因為我們只能透過市場第一線的回饋，去測試自己的履歷和實力是不是已經達到國際水準。關鍵不是第一次就拿到 offer，而是盡可能增加獲得的面試數量，驗證自己的 PMF，也就是被國際職場認可的程度。如果你只是閉門造車，期待完美準備好的那一天才上場，很有可能最符合你的機會就永遠消失了。更多時候，因為沒有任何市場回饋，只能根據網路上的資訊補東補西，好像所有事情都很重要，在錯誤的細節上投入過多的心神，反而在最後上場的時候才發現，自己還是一個面試機會都沒有。任何一個專家給你的建議，都不如公司內部的招募人來得直接，**只要你能夠先在履歷和 LinkedIn 上做迭代，獲得招募人的搜尋和通知，就能直接詢問對方關於你的回饋。**

　　而在戰術面上，你的確可以稍微調整主動出擊的力道，依照上一節

的作法把職缺分成夢幻、理想、備選三個區塊，在以戰養戰的初期，優先選擇理想職缺和備選職缺來面試，把夢幻職缺留到最後，等心態準備好了再主動出擊。如果你已經建立好自己的求職漏斗，理想職缺和備選職缺就是你獲得市場資訊的最佳練習管道，透過這個過程，不只能得到當地市場和類似公司的熱門考點，也能實際練習用當地語言進行面試，並進一步得到當地市場的薪資水準，爲最後的夢幻職缺做準備。

如果夢幻職缺在這個過程中主動來敲門，也不要因爲害怕失敗而自己退縮。你要做的是問招募人看上自己的理由，做爲下一輪 LIST 循環的改進參考，另外也可以確認一下面試流程和職缺的時效性，假如沒有時效，就可以和招募人推遲開始第一輪面試的時間，集中火力做準備。

透過這種作法，如果你同時拿到了夢幻職缺和理想職缺的 offer，就更有自信進行薪資談判。如果最後應徵夢幻職缺失敗了，至少也還有一個理想職缺的 offer 可以讓你先扎穩根基，隔年再戰。有了這一年的在地經驗爲基礎，你離夢幻職缺實際上也就更近了，或者可能會意外發現，原本以爲只是備選的工作，實際上能夠提供的舞台和機會更大、更好。

這邊要注意的是，**千萬不要因爲沒有成功通過夢幻職缺的面試，進到冷凍期之後就試圖改變信箱，甚至改變姓名經歷重投一次。**如同前面提到的，公司內部的 ATS 系統能夠很輕易地合併不同筆申請資訊，抓出其中的漏洞，這會是一個非常重大的誠信問題，更嚴重的話，有可能因此被標註終生不予錄取，實在沒有必要鋌而走險、因小失大。

夢想之所以偉大，就在於它不是你能一蹴可幾的。即使進到冷凍期也沒關係，失敗多次後才達成目標，比從來沒有試過強多了！在實現夢想之前，你得先好好活著，只有當你開始築夢，夢想才會變成你的現實。

LIST原則是一個迭代循環，而不是一條線性步驟

走到這裡，你已經走完 LIST 原則的第一次完整循環了，把每一章節開頭的 TO DO 集結起來，就是你個人專屬的出國工作檢核表，你可以直接影印本書附錄的完整版 LIST 原則檢核清單，做為你出國工作前的行前準備筆記。

正如本書一開始提到的，LIST 原則是一個循環，而不是一次性的步驟。你的目標是找到「自己」這個產品的 PMF，你的產品 MVP 就是履歷和 LinkedIn 個人頁，要追蹤的指標就會是你被國際招募人看到和通知的次數，**每次要學習優化的焦點，就是依據第一線招募人的回饋，來調整你的經歷、技能和面試技巧，也就是「你」這個產品本身。**

不斷迭代的 LIST 循環

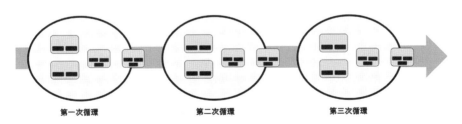

6-7 不斷迭代的 LIST 循環，每個循環都是一次完整的學習歷程。

如果你已經為出國工作準備了一陣子，可能讀過很多關於履歷、LinkedIn 經營、求職祕訣的心得分享，也可能聽過很多「贏過別人的關鍵」，然後隱約覺得要做的事好多，好像每件事都很重要，不知道從哪

裡起步；當求職結果不如預期時，也不確定應該從哪個地方做修正……LIST原則就是要幫助你破除這些迷思，在資源有限的前提下，先集中精神把國際職場的核心顧好、建立MVP，有額外的資源和餘裕時，才去打磨次要的細節。這邊強調的作法不講求針對每個職缺進行客製化，因為那相當於對於第一版產品的過早優化；**同樣的資源，使用可驗證的求職儀表板來快速實驗，用數量來取得市場回饋進行修正，才是更有效率的作法。**

這個循環的過程是一場馬拉松，而不是短跑衝刺。如果你還在準備出國工作的早期階段，也可以每次只走一小步，完成LIST循環四個大項目中的部分功課，直到將自己調整到能走完一個完整循環為止。舉例來說，在第一個循環，你可以只專注在確定目標城市和建立LinkedIn個人頁這兩個工作，因為只要完成這兩件事，就可以開始追蹤自己的求職儀表板的數據了，在這個階段，你甚至還不需要完成履歷和提出工作申請。在第二個循環再重新把焦點放在撰寫履歷上，利用你在建立LinkedIn個人頁時，調整經歷內容，慢慢補齊自己的履歷，同時也開始建立自己的STAR故事集，檢視自己所缺乏的，再逐一補齊。你也可以隨意置換工作清單的順序，只要確保每個循環做到LIST四大項目的一個子項目，就能仿造精實創業的作法，建立起自己的「開發—評估—學習」循環。

循序漸進的 LIST 循環

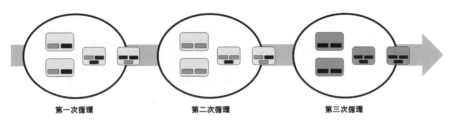

6-8 循序漸進的 LIST 循環。每個循環只做一點點，慢慢地走向完整循環。

	第一次循環
L	根據自己的產業和職業，試著列舉出比較願意接受外國工作者的目標城市清單
	列出你的目標地區有所有可行的簽證選項
I	完成自己的英文 LinkedIn 個人頁，並連結至少 100 個好友
S	列出 10 個自己職業和產業的技能關鍵字，並找到 5 個和技能相關的潛在職務名稱
	找到自己技能包的弱點，建立強化這幾個技能的練習計畫
T	建立自己的求職儀表板，每週記錄自己的 LinkedIn 數據
	建立每季回顧報告，重新針對領英、專業、語言、地區進行檢討，開始新的一輪實驗

	第二次循環
L	試著和 5 個外國人開口說外語
	每天晚上，試著用外語重新模擬早上的日常對話
I	建立自己的一頁式美式英文履歷
S	整理自己職業的面試考古題，檢視自己的專業程度
	試著建立自己的 STAR 故事集，在成就、衝突、挑戰、領導、決策各準備兩個故事
T	建立自己的職缺漏斗，記錄每一次求職的時程和反饋
	建立每季回顧報告，重新針對領英、專業、語言、地區進行檢討，開始新的一輪實驗

6-9 漸進式的出國工作檢核表。

　　每個人的時間軸都不相同，你可以每個月、每一季或每半年為一個循環，持續調整，直到達成你的夢想為止。本書第二章的故事主角義祥也是花了三年的時間，才終於完成自己的夢想。**使用LIST原則並不一定能讓你找到出國工作的捷徑，但是有了這個地圖，就能確保自己走在正確的道路上，不被枝微末節的雜訊影響**。這是一場馬拉松，你不一定要跑得更快，但一定能跑得更遠。

7

後疫情時代的全球職場

　　如果你還年輕，還是可以多跨界、跨國走走，
但是如果你已經找到願意深耕的工作或地點，其實
也就是可以開始考慮定下來的時候了。

1.職涯家庭：想在國際職場持續成長，你不能逃避的事

　　有人把國際職場形容成是一個圍城：裡面的人想出去，外面的人想進來。因為已經背了昂貴的留學貸款，所以一定得找高薪的工作；因為要等簽證所以不滿意的工作就先撐著；因為覺得離開就是輸了，所以即便痛苦，也要繼續待在高壓、高競爭的環境，即使那已經影響你的身心健康，甚至會讓你失去生命。

　　這本書想要強調的精實求職精神，思考的關鍵仍然是保持軸轉的彈性，**讓自己成為一個有選擇權的人，提前為下一步做準備**。即使決定要留在一個地方深耕，那也應該是你有意識的決定，不再是不得不的選擇。而要怎麼樣才能保有選擇權呢？核心就是選一份專業能夠在國際上帶著走的工作，然後留在戰場上，不要孤注一擲之後，把自己鎖死在一個無法移動的位置。在移動之前，有三件事是和在台灣換工作不太一樣，而你卻不得不考慮的：家庭、簽證、升遷。

父母和另一半的時間軸和你對齊了嗎？

　　二十幾歲時，我決定出國工作，那時朋友圈分享的照片不是發現了什麼美食或新鮮事，就是又到了什麼地方旅行。在海外流轉了幾年後，漸漸發現公布喜訊的貼文增加了，也有的人因為家人離開而感性起來，晒小孩的照片越來越多，進入中年危機的感嘆也越來越常見。當職涯不

再是人生唯一的問題，觀察周遭朋友的生活後，許多決定出外或已經在外打拚的人都難免會開始問自己兩個問題：

1.爸媽漸漸老了、病了，我是不是應該就近陪陪他們？

2.另一半也有自己的職涯，是不是一定要有人犧牲自己的前程呢？

2016年由楊丞琳主演的《荼蘼》就是針對這兩個問題的真實演繹。相愛的男女主角相繼獲得前往上海發展的機會，在低潮時也都願意為彼此犧牲，但父親突如其來的意外，讓男方決定放棄這個機會，留下來陪伴家人，於是女方陷入兩個抉擇：方案A是繼續自己的職涯發展，抓住眼前的機會再回頭；方案B則是先步入家庭，替另一半分憂解勞後再出發。隨著故事的推進，兩個方案裡，生活的好與不好都細緻地呈現出來，如果你也正面臨職涯、家庭與感情的抉擇，這會是一個很好的借鏡。沒有一個方案會是完美的，但是花到荼蘼之後，花季終會再來。關鍵是：**你是否曾試過和重要的人們及時溝通、好好溝通？**

於全球知名的INSEAD商學院任教的珍妮佛·彼崔格里利在《雙薪家庭進化論：打造神隊友，成就彼此的愛情與事業》這本書裡提到，大部分現代情侶在面對職涯選擇時，多半採取這三種模式❶：

1.**主從模式**：一個人追求職涯發展，另一個人配合主要支柱，犧牲部分發展。

2.**輪流模式**：兩個人商量好各自的時間軸，這次我先配合你，下次換你配合我。

3.**雙主模式**：先列出兩個人都能接受的限制條件，做出同時對兩個人最好的選擇。

　　舉例來說，身為工程師的一方先到美國發展，另一半放棄自己在台灣的資歷，一起到異地重新開始，就是主從模式。申請到 MBA 的一方先到美東念書，在華爾街拼搏若干年後，再配合走學術的另一方移居到具有領域權威的歐洲學術單位，就是輪流模式。而在遊戲業擔任行銷的一方，和在科技業擔任工程師的另一方知道只有新加坡才有可能同時滿足兩人的職涯發展，就以這個城市為限制條件，一起出發求職，就是雙主模式。這些都是我聽過的真實案例，每個故事都有可能走向美好的結局，在珍妮佛‧彼崔格里利針對數千對伴侶的研究中，確實也發現每個模式都有成功的案例。但是她同時也發現，雙主模式的伴侶平均來說更容易成功。**成功的原因不是模式本身，而是這個模式是怎麼被決定的，**因為雙主模式從一開始就讓伴侶必須很深刻地協商溝通，這個過程才是促成伴侶能在重大人生事件裡持續走下去的理由。

　　每個人都有屬於自己的時區，即使同樣照著本書提到的 LIST 原則開始準備，雙方獲得機會的時間仍有可能不同。這件事真的沒有標準答案，只有重新對焦彼此對於職涯、生活和未來的看法，相信彼此都能為對方的生命加值，才能好好走下去。當另一半在電話中抱怨或掙扎時，有時候不說話，只傾聽，就是最好的溝通了。不只是另一半，家人也是一樣的。

有些簽證會和工作綁定，在換工作之前先想一想

　　矽谷是現代科技業機會的代名詞，但是居住品質問題也同樣惡名昭彰。很多國際移民即使不開心，卻也不願意離開這個地方的原因，除了

薪水，就是簽證問題。很多人在美國工作，是靠著留學之後的學生延長簽證留下來的，在這之後，你有1～3年的機會去抽工作簽證，因為申請的人數眾多，即使雇主願意贊助，你仍然只有25％左右的機率可以抽到這個簽證，而且一年只有一次機會。如果你幸運抽到簽證，換工作也不容易，在工作與工作之間，簽證只能維持60天，換句話說，如果你想要留下來，幾乎沒有待業或被炒魷魚的權利。如果你走的是內部轉調的路線，這個簽證甚至是和雇主直接綁定的，你沒有跳槽的權利。如果想要保持未來的工作彈性，也許你可以去申請綠卡，但是不同國籍的人，要排的時間也不相同，排5～10年的都不少見，台灣人比較快也至少要一年多，而雇主是否願意贊助你也是個問題，因為很多雇主也知道你留在這工作就是為了取得身分，幫你取得身分後，有很大的機率就會離開。

　　這其實就是在國際職場換工作的縮影：**你的自由有很大程度受限於你的簽證狀態**。如果你決定要換工作，一定要先研究當地的簽證法規，這些法規隨時都在改變，請記得還是要以政府官方說法，或專業的律師意見為準，不要輕易把一、兩個網路上的資料點當成唯一依據。

　　所以只要出國工作，就一定只能卡在一個位置無法移動，也無法給自己探索世界的彈性嗎？如果你跟著本書的脈絡，其實會漸漸培養出「此處不留爺，自有留爺處」的豁達，在第三章我們已經說明過，不同型態的簽證和不同國家取得簽證的難易程度，只要心裡有一個大方向，還是能找到留在國際職場的創意解決方法的。但在行動之前，仍然要先想清楚自己下一步簽證要怎麼處理，不能只是因為不爽現在的工作，就率性地裸辭。

　　通常也是這個原因，讓很多人會開始考慮是不是要取得雙重國籍或

入籍其他國家的問題。這邊要注意的是，**身分並不是一個免費的贈品，成為其他國家的永久居民或公民，就會有相對應的權利義務。**舉例來說，大部分已開發國家的稅務都比台灣來得重，取得海外身分之後，你在台灣的資產和收入也都有機會需要繳更高稅率的。有的國家如果要維持永久居民的身分，必須在5～10年內，每年都停留在該國家的紀錄，即使你已經決定再前往下一個國家工作或返台也一樣。你願意為了這個身分去坐這個「移民監」嗎？

升遷和跳槽的平衡，在國際職場也是相同的

有的人會擔心種族歧視，自己出國後的工作機會和其他國際人士相比起來少了很多，有的人則會擔心竹子天花板，好像出國工作都只能做些基層的事，沒有足夠的升遷機會。這些事也許是真的，但是對於剛從台灣出發前往國際舞台的你，這些都不會是問題。因為在達到夠高的管理層級之前，需要的不是更多更高的機會，只需要那一個在正確時機出現的機會就足夠了。

大部分的工作都分為管人和管事兩種，用科技業的術語來說，就是**執行專員（individual contributor, IC）和帶人主管（people manager）**。站在傳統的觀念上會覺得主管職一定比執行專員的階級高，但是國際上越來越多的產業趨勢其實是採用職級雙軌制，把你的職級和職務分開，換句話說，即使你不管人而專心做資深執行專員，你的職級和薪水其實可以和同等級的帶人主管完全相同，因為好的執行人員並不一定會是好的主管。**只要你的專業核心夠強，還是可以得到很好的**

舞台。

　　以組織科層的金字塔來說，管人的人數一定會比管事的少，所以如果你一開始就以主管職為目標，確實可能會遇到職涯天花板的問題。但反過來說，**如果把自己定位成有實際執行能力的國際專業人士，會影響你是否能獲得工作機會的就是你的實力**，如果你的目標是出國工作，選擇帶技術性的執行型工作還是會比較容易一些。

　　這並不是說留在海外工作的人只能做特定層級的工作。只是隨著你的職涯發展，也會面臨留在現職公司等升遷，還是跳槽找機會的抉擇，這一點不管是哪裡的職場都是一樣的。如果你的目標是更多的薪水，跳槽確實是比較快的方法，但如果你漸漸走到比較高的層級，持續深耕同組織的人脈和專案機會也許會是更實際的作法。每個人希望從工作中得到的東西都不相同，沒有對錯之分，但在國際職涯的經營過程中，要知道不管是人脈、語言能力還是產業聲譽，只要到了新的國家，都有可能需要重新開始，而這些常常都是升遷與否的關鍵。

　　有時候海外工作經驗會為你打開新的一扇門，讓公司在組織擴張的時候想到你，或者讓獵頭為你介紹本來自己沒有想到的機會，但是隨著你的職涯成長，也會發現**世界上的機會並不是線性分布，而是以聚落的方式集中在某一些特定的大城市**。就像在第三章提到的產業大聯盟概念，這意味著如果要升遷，可能就必須放棄一些自由度，持續在同一個地區的大聯盟裡找機會。

　　所以如果你還年輕，還是可以多跨界、跨國走走，但是如果你已經找到願意深耕的工作或地點，其實也就是可以開始考慮定下來的時候了。

回國之後還出得去嗎？重新拿出 LIST 檢核一次吧！

很多在國外工作的人都會有一種「回不去了」的心聲，除了薪資、舞台和生活型態，更大的恐懼在於，如果回頭，我還有出去的機會嗎？其實在想這件事情之前，不妨先停下來想想，自己回國的理由是什麼？

你是因為思鄉了，想回到家鄉的美食和舒適圈裡休息一下再出發嗎？

你是因為疲倦了，想回到自己的優勢戰場，尋找更大的舞台和更好的升遷機會嗎？

你是因為在海外格格不入，終於有了不如歸去的念頭？

你是因為家人聚少離多，想要在有生之年多一些陪伴？

還是單純因為轉職失利或簽證受挫，不得不暫時先回到最初的起點？

不管理由是什麼，先擁抱自己吧！老實說決定回國後最重要的事，是不要讓自己陷入失敗者的漩渦之中。人生很長，你並沒有失敗，只是做出了對人生最合理的選擇而已。只要你願意，當然可以再次走向世界舞台。你需要的只是**重新拿出 LIST 原則的檢核清單，再次行動就可以了**。

這一次你不只更有身為國際專業人士的自信，也更客觀地擁有跨國經驗和跨國人脈可以做為你脫穎而出的理由。簽證的問題和家人的羈絆還是會存在，第一次出國時遇到的挑戰還是存在，但如果已經走到這一步，相信你也更能放開心胸，以全世界為目標，找到自己的路。

我在 2018 年下半決定離開待了三年的倫敦，雖然放棄不錯的薪水

和前景，那時候心裡還是很踏實的，因為我從來沒想過自己會無法走出去：一來履歷上已經有扎實的國際工作經驗，二來英文也至少可以聽說無礙了，三來英國留下的存款也足夠支應我好幾個月的生活。我沒忘記自己想要在兩、三個不同文化圈生活的夢想，於是決定不搭飛機，走陸路搭上西伯利亞鐵路返台，一心只想著走向下一個站點。沒想到家人在這段期間突然病情惡化，我在台灣一待又是近兩年。一開始的自信，也隨著只出不進的帳戶而漸漸被侵蝕。

不過這並不影響我的行動，靠著書中分享的方法，我再次向世界揮手，前往東京、溫哥華、慕尼黑面試，最後也拿到了雪梨、新加坡、倫敦的offer。那是在疫情爆發的前夕，回頭看看，那個2018年的決定幾乎是我人生最正確的決定之一。沒有這個決定，我可能無法好好陪家人走過那一程，沒有這個決定，疫情爆發後的幾年之內，也幾乎不可能跨越西伯利亞了。

這裡引用錢鍾書《圍城》裡的一段話：

「天下只有兩種人。比如一串葡萄到手，一種人挑最好的先吃，另一種人把最好的留到最後吃。照例第一種人應該樂觀，因為他每吃一顆都是吃剩的葡萄裡最好的；第二種人應該悲觀，因為他每吃一顆都是吃剩的葡萄裡最壞的。不過事實卻適得其反，緣故是第二種人還有希望，第一種人只有回憶。」

對於曾經下定決定出國工作的你，你可以相信的不只是回憶，還有希望。更重要的是，你現在已經掌握了精實求職的方法。

2.疫情趨勢：
現在還是出國工作的好時機嗎？

　　2019年的尾聲，我再次向全世界遞出履歷，這一次的目標是進到一線的大公司歷練。找工作多少還是有點壓力，但也幸運地趁著現場面試的機會，在各大洲的城市間流轉，去了幾趟在楓黃和聖誕裡延伸的小旅行。新聞提到有種不知名的怪病正在蔓延，但是直到2020年2月的科隆狂歡節結束，歐洲的運作一如往昔。

　　然後疫情爆發了。

　　各地的航班都被取消，跨國的簽證流程變得更加困難，封城漸漸變成一種常態，世界突然被迫進入遠距工作的時代。一開始很多勞工以為是種祝福，有生之年終於能夠開始免去通勤的困擾和工時的自由，但幾個月後，發現這其實是個詛咒，生活和工作漸漸無法切割，每天24小時都得和小孩、家人鎖在狹小的空間，那是更大的壓力源，而出國旅行與和朋友相聚的調劑也都不再可能。大家悶壞了，於是在2020年的夏天，人們在疫情稍微控制的喜悅中奔向海邊和酒吧狂歡。一些人們回到第一線的工作崗位上，很多國際知名的大學開始研擬遠端教學和現場教學雙軌運作的模式，情況似乎正在好轉。

　　我在9月回到倫敦，這時候許多軟體公司已經對於遠端入職的訓練和後勤駕輕就熟。我在熟悉的超市裡戴著口罩採購，一面看著公司的訓練影片一面煮飯，電視裡BBC的新聞傳來新的疫情數據，每天新增病例和住院率上升的速度令人吃驚，新一波封城政策就這樣到來了。學生抗

議學校提供不一樣的教學品質卻收取一樣的學費，店家抱怨政府政策反覆無常和失業慘況。很多原本決定出國留學或打工度假的人決定延期，很多原本在海外工作的人也決定返回台灣長住。

2021 年春天，已經不知道是第幾波疫情，在疫苗上市的同時，人們也漸漸對疫情感到麻痺。公司開始設定返回辦公室的時間表，餐廳重新開始營業，地區性的旅遊重新萌芽，大家都同意與病毒共存這是一個新常態了。人們關注的焦點不再是疫情本身，而是疫苗公眾利益和個人自由意志的價值爭議，以及「後疫情時代」的工作型態。無法遠距生產的產業還在寒冬之中，而科技業卻已經開始加碼徵才，所有人突然都懂得用投資去獲得被動收入，與此同時，所有日常用品的物價都在上升，更多人意識到海外生活的陰晴圓缺，也理解了家鄉的美與不美。在這樣的世界裡，出國工作還是一個好的選擇嗎？

翻回本書開頭，並問自己：為什麼想要出國工作？

當自己能夠把大方向確立下來，才有可能在逆境和他人的意見之中走出自己的路。有句名言是這麼說的：「瞄準月亮，即使走偏了，你也能到達群星」。疫情是一個既存的事實，但如果你知道自己願意取捨的事物是什麼，就不會影響你的戰略目標，你需要調整的只是自己的戰術細節。這邊就針對一些已經漸漸浮現的疫情趨勢做一些簡單的觀察，也許能夠幫助你檢核自己的想法。

趨勢一：遠距工作的常態——疫情是否會增加更多海外工作的方法？

　　疫情加速了遠端辦公的可能性，經過兩年的實驗也證實了許多員工的生產力沒有顯著的落差。既然地理位置不再是種限制，很多人的直覺是：這是不是代表待在台灣，申請海外的遠端工作的機會也會同步增加呢？

　　答案是否定的，**因為遠距工作不代表在全世界哪裡都能工作**。沒有明確的數據顯示「跨境遠端工作」的職缺大幅增加，大部分的新聞只顯示某一國家內允許遠距工作的雇主比起疫情之前增加許多，多數職場員工則傾向在未來採取混合型辦公模式：每週部分時間進辦公室工作，部分時間在家辦公。這意味著**針對現有職缺，想要找到海外工作的簽證限制仍然存在**。也就是說後疫情時代的遠端辦公趨勢，與其說是增加了全球勞工的工作機會，不如說是促進本國勞工進入大都會區職場的機會。這在工作機會以大都會區為主的歐美國家尤其明顯，長期來說是否真的會促進國際人才流動仍然是一個問號。

　　微觀來說，很多公司對於遠端辦公的地區限制反而變得更嚴了。因為2020年許多人在疫情期間，從公司所在地移動回自己原生的母國工作，每一國政府都開始對這種跨境工作者的稅務狀況加強查核。大部分國家都有「稅務居民」的概念，基本邏輯是只要你在某一國家長住超過一定時間（通常是90～180天），就有在該國繳交所得稅的義務。很多公司本來對於員工遠端辦公的實際地點睜一隻眼閉一隻眼，只要直屬主管同意，公司就不會有太多意見，但現在為了配合各國政府的政策，會

直接由人資部門訂定明確的規範，限制可以跨境工作的天數。即使是仍然保持彈性的中小企業，也會開始要求即使遠端也得待在鄰近的時區工作，不接受大幅跨區的申請。當然也有趁機走向全球遠端的公司，知名的專家問答平台 Quora 就是一例，不過這個趨勢還不明顯，多半仍以在地辦公室的鄰近城市做爲遠端工作的限制範圍，這點在歐盟區的工作機會尤其明顯。

趨勢二：反全球化的隱憂——疫情是否會增加海外工作的難度？

2021 年，長榮貨輪在埃及蘇伊士運河擱淺的事件造成歐洲民生物資短缺的危機，震驚全球。後續全球塞港造成的晶片和供應鏈原料短缺，也讓各國政府逐漸意識到，歷經 20 年的全球化分工模式可能並不是對國家最有利的選擇。與此同時，遠端工作的性別和種族不平等議題又浮上檯面，各地激化的價值觀又讓反對外國人和反全球化的運動重新燃燒。在這樣的背景下，海外工作的機會是否會減少呢？

從數據來看，國際人才流動指標是大幅下降的，但以美國爲例，對於外國人移民的態度並沒有明顯變化，科技業的淨人才赤字仍然很大。有 69% 的雇主無法成功找到適任的人，同樣的指標在 2010 年只有 14%❷。而澳洲歷經兩年鎖國，各行各業的缺工人數已經到了動搖國本的程度；日本面臨高齡社會及低生育率的問題，對於外國人才的需求仍然很大。

其實現階段主要的影響還是來自疫情本身。因爲疫情期間，不同國

家對於邊境控管政策的差異、簽證難易程度也有了明顯的變化。舉例來說，原本容易取得工作簽證的日本及澳洲，都因為鎖國政策而暫停海外工作簽證的申請，許多原本要前往該國工作的朋友都必須先從台灣的分公司入職，或者無限期延後入職時間。反過來說，原本簽證稍有難度的英國，則因為較寬鬆的邊境管制和脫歐之後的人力短缺，增加很多新型態的彈性簽證類型。美國因為疫情初期的大裁員和疫情期間留學生減量的緣故，後疫情時代的職缺數量在部分產業有大幅擴張的現象，這在科技業尤其明顯。前幾年網路論壇上還在討論在科技業打工是不是越來越內卷的問題，今年的新話題反而是某些公司的用人標準是不是「掉到地板上了」。可以預期在人才赤字的前提下，科技業的各項職務也許還會有段榮景。

這邊可以注意的反而是新的產業聚落形成。因為政策因素，有的企業在政府的鼓勵下，開始拓點到新的地區，像台積電在亞利桑那州設廠、矽谷科技公司擴大在歐盟區軟體工程師的徵才、東南亞和南美洲成長的的跨境社群電商服務、盧森堡的太空產業計畫等等。配合本書前面提到的，尋找產業大聯盟和把握企業大量徵才的時機點這兩個觀念，**後疫情時代你可以關注的焦點也許不是海外工作的求職難度，而是不同地區的職缺密度。**

趨勢三：加速推廣的新科技——疫情是否會增加更多海外工作的職缺？

疫情期間除了加密貨幣，股市也突然變成大家追逐的焦點。從一開

始的運動器材領銜，然後輪到視訊軟體和外送服務，接著是航運和電商金流，接著又有電動車、再生能源和晶片，最後又回到NFT的流行。這多少體現了疫情期間各種新科技的加速推廣，不只應用在實際的工作場域，也包含消費者對於新科技的採納速度 。

根據麥肯錫針對全球資深高階主管的研究報告，三分之二的人表示他們會顯著的增加在自動化和人工智慧的投資，具體應用的場域包含倉儲、工廠、零售店面和客服中心等。而另一份相關的報告則指出，商家已經超速數位化，在全球範圍下與與顧客的接觸點有58％為數位互動，這個採納比例比疫情前推估的速度快了3年，而店家提供的商品及服務也有55％為數位形式，比原本推估的採納速度推進了7年❸。在這樣的浪潮之下，並不是所有產業的工作都會同步增加，廣義的科學科技領域、醫療照護、創意產業的人力需求會更大，但是第一線產業的服務生、一般行政和銷售人員的工作機會則會減少。

對於有志前往海外工作的人，意味著**選擇比較偏技術性的職業，的確會有較高的成功機會**。除了技能比較能夠跨國轉換之外，實際的職缺數量也會比較多。與此同時，對於想要透過打工度假從基層工作起步的人，後疫情時代可能會相對比較困難。

有的人可能會想：「如果AI、自動化和電動車等領域這麼流行，我是不是應該現在就留學轉行到這個產業呢？」如果這是你的興趣或夢想那當然很好，但如果不是，根據潮流去選擇自己的職涯是非常危險的。北美科技人大概都逛過的「一畝三分地」論壇，在十多年前剛開站時，其實很多文章是在推廣化工石油業的高薪工作的，和現在人人轉碼（轉行當工程師）的風氣大不相同。而5、6年前鋪天蓋地宣傳的資料科學這

個領域，近幾年也因為僧多粥少和工具成熟的關係，職缺越來越稀少。我自己在兩兆雙星廣宣的年代進了生科系，但是這個產業即使在資源最豐富的美國，對比於科技業整個產業也還在萌芽階段。這些都是十年維度內發生的事，差不多也就是一個人高中到碩班的時間。回想你的高中時期，還記得那時候想像的未來工作會是什麼嗎？

其實不只是你，大多數的人都無法精準預測未來會如何發展。承平時期三年內的世界大概還可以好好規畫，這樣留學轉職也還來得及，但非常時期還這麼做其實風險很高。在還看不清楚的時候，與其跟著短期潮流，不如堅持自己的興趣吧，最低程度上，你才有堅持下去和保持快樂的理由。**如果你的興趣不明確，不如就先以自己目前的專業為基底，利用本書提到的方法進行低成本的探索，再伺機而動**。在資源有限的前提下，「趨勢」「興趣」「專業」之間，你出國時的選擇至少要同時滿足其中兩個，才不致於在孤注一擲後，變成一敗塗地。關鍵是要持續探索和反思，只要還能留在場上，就有實現自己的可能。

結語
寫在疫情之際

　　這本書的原型，來自我在「台灣工程師在英國」（TEiUK）這個社群的分享。我在2015年透過英國打工度假簽抵達倫敦，在帕丁頓的青年旅館開始我的求職冒險。那時候的網路分享還沒有現在這麼多，不管是打電話到job center辦理英國的國稅號碼，還是流轉在不同分行嘗試莫衷一是的開戶規定，每一步都像走上移動中的雙層巴士頂層一樣，跟蹌而遲緩。但也因為這樣，找到第一份工作的悸動，我到現在都還記得。而當初之所以知道這個簽證只是純粹的幸運，那是在一場朋友聚會中偶然聽到的。

　　我常在想如果當時沒有遇到這位朋友，是不是還會困滯在純粹的幻想裡裹足不前？反過來說，如果能讓更多台灣優秀人才知道這樣的訊息，是不是就能幫助更多有著出國夢的人一起前進？這就是我那時組織社群的起點。我相信如果更多台灣人有海外工作的經驗，並且持續互相幫忙交流的話，就能開始推動台灣職場的質變。因為有了比較，就更能體會什麼是合理與不合理；因為有了距離，也更能理解最值得珍惜的價值是什麼。不論最後選擇留在海外或是回到台灣，都能一起讓台灣變成更好的地方。

　　我相信和夢想同樣重要的是實踐的方法。六年過去了，有越來越多朋友透過類似的方法走向世界舞台，我也透過分享會和工作坊的回饋，驗證了這套方法的可行性。有好多本來放棄挑戰海外的人因為分享會的

激勵，成功著陸之後，也願意回到社群繼續分享自己的經驗、提攜後進。但是分享會能觸及的人數畢竟有限，而我也希望這本書能夠成為一種新的連結：如果這本書也能對你的人生有所啓發，也歡迎你來信「到世界的職線距離」粉專，或我的信箱，和我分享你的故事，或者在實踐 LIST 原則過程中發現的問題點，和你獨門的操作方法。你也可以加入 NEX Foundation 這個社群，連結更多在世界上不同角落發光的人。如果你願意進一步把這份幸運分享給身邊的朋友，就是對我而言最大的回報了。

千萬不要覺得自己人微言輕，也還在國際職涯的起步階段，沒有什麼值得分享的事。很多時候**最好的導師，不是那些已經功成名就遠在天邊的前輩，而恰恰是只比你高一兩個層級的人，因為這些人才剛走過你正在走的路，是最能提供行動指導的人。**反過來說，剛踏出國外的你也正是最能夠影響還在準備出國的朋友的人生貴人。這個教學相長的過程，才是互助的本質。

突如其來的疫情改變了許多事，這讓出國除了找工作之外，也新增了很多挑戰。在舉目無親又必須關在家裡遠端辦公的環境，不管是交朋友還是過日子都將非常辛苦而孤獨。而遠端入職時，怎麼和跨文化的同事在小小的視訊畫面裡建立關係，又怎麼去理解不同人對於疫苗和疫情的看法，都是對於這兩年一直身處台灣的朋友比較難以感知的。對於想要出國的人，不妨也花點時間檢視自己的身心狀態，**像找工作一樣，實驗看看自己的邊界，然後慢慢地砥礪自我。重要的是留在場上、不斷迭代，只要維持自己的步伐，持續前進就行了。**

希望 LIST 原則這套精實求職的方法，不只在工作上，也能成為你人生的心法。

致謝

　　讀別的人書時，總是不明白爲什麼感謝名單這麼長，直到動筆寫了自己的第一本書，才知道一路上需要感謝的人實在太多了，如果有所疏漏，還請直接來訊告訴我，讓我有機會當面謝謝你，一起把這本書想要傳達的概念和方法分享給更多人。

　　首先我想感謝圓神出版社的編輯群賴眞眞、歐玟秀、林振宏，還有美編、設計和行銷部的夥伴們，多謝你們不斷地包容和回饋，等了我兩年的時間才終於把這本書完成。是你們的體諒，我才有足夠的時間醞釀自己的核心想法，也因爲有幸能有你們做爲伯樂，我才能以素人之姿踏上作家之路，眞的感激不盡。我也想要感謝「編笑編哭」的Ｂ編引薦，讓我能夠順利找到卓有聲譽的出版社完成這個出版夢，還有同樣身處出版業的前輩葉怡慧，在書籍構思的前期多虧有你的賞識和回饋，才讓我有足夠的信心繼續寫下去。

　　在書籍撰寫的過程中，很多朋友關於早期書稿的回饋都給了我及時軸轉的機會，包括嶼魚廚房的陳長奕、徐千茹，設計師群的Jasmine Lin、Ailin Chu、Jessica Pan，工程師群的Allen Wang、Yen-Nan Liu，英國快樂夥伴的Janice Hsueh、Vicky Huang、CC Chang、Ann Wu，夢想巴士的Nate Lee、Koch Lo，產品三眼怪的Nana Chiang，台灣開發者在澳洲的Kay Lee，台灣人在新加坡的Aki Chu，WIJ的Mark Chih，我的家人謝佳蓁、謝佩君，謝謝妳們在本書還不成熟的階段就願意花時間和我一起修訂書的原案。另外也有很多各社群的領袖，在沒有看到完整書稿時

就願意幫忙推薦，很感謝你們的支持與鼓勵，希望這本書的內容能夠不愧對你們的信任。

我還想感謝在我職涯成長過程中，對我無私提供過無數建議的前輩師長們，也是因為有這些前輩做為楷模，我也希望同樣可以對後輩做出一樣的貢獻和啟發，把這些方法用書的方式分享給大家。這邊特別感謝我在大學時期的導師王致恬和實驗室實習的老闆王俊能，因為你們的協助，我才有機會在本科系的探索之餘，另外走向一條生物之外的道路。還有我在業界的導師何薇玲，感謝妳在我職涯困頓時期的提醒，讓我能夠持續矢志不移地往夢想前進。

本書中的很多關鍵想法來自精實創業的精神和我實際的工作故事，而我之所以能夠轉化這些方法，我在創業比賽和實際創業的過程中遇過的夥伴們也居功厥偉，感謝Hümex小隊的陳俊傑、黃子豪和王冠智把設計思考的方法傳授給我，也感謝隔壁老王實驗室的成員們鄭章陽、許惠貞、翁治平、孫楷，讓我能夠一畢業就獲得精實創業的養分。在我創業失敗後，引領我入行第一份正式工程師工作的Leo Chen、Kim Chang、葉思佑、姜哲雄，也特別感謝你們的提攜，讓我能夠在走上工程師的路上打好基礎。

在英國工作時的經歷，則奠定了我在本書中對於跨文化溝通和國際職場的認知，感謝Abakar Saidov, Sultan Saidov, Michael Paterson, Xavi Fuentes, Ahmad Assaf, Dayo Adeyemi, Grant Harris, Slava Treskovskii, Martha Ciobaniuc，那一段在小團隊一起打拚的日子，是我職涯中最重要的養分。

我在經營非營利組織時期的夥伴們也對這本書有深遠的影響。這

本書的很多內容源自我當初籌備 TEiUK 的分享講題，以及後續在 NEX Foundation 遇到的其他夥伴。感謝黃黑輪、羅建州、陳薇鈞、吳雅卉、何建樺、蔡昆育、王思元，有你們的協助，社群才能持續維持六年的運作，我也才能不斷驗證這本書提到的方法的可行性。也感謝陳浩維和宋雲喬邀請我加入 NEX Foundation，以及基金會的其他夥伴李育青、楊舒嵐、游雁婷、彭德仁、江謝文騰，是你們讓我有機會持續擴大影響力到歐洲以外的社群。其他還有很多人對於我形塑和驗證 LIST 原則的方法論也有很多啓發，包含曾經幫忙 TEiUK 活動的分享者群和參與者，職線距離工作坊的早期學員，在歷來分享會和文章中與我互動的讀者群，以及在各社群和我一起發想書籍名稱的朋友們。

　　我也想感謝我的父母和嬸婆一家人，因爲有你們做爲我的後盾，我才能接受良好的教育並學會照顧別人，也才能無後顧之憂地，持續在生命中進行探索和失敗的嘗試。

　　最後我想感謝我的妻子之雅，從企畫討論、內容演進、聯絡推薦人到社群推廣，如果沒有妳的參與，我可能沒辦法在有限的時間裡完成這麼多經歷，如果沒有妳在我自我懷疑時的的支持和鼓勵，我就不可能完成這本書。

附錄

完整的 LIST 循環	
WHY	• 你想要透過出國工作得到什麼？ • 這些東西只有透過出國工作才能得到嗎？ • 如果沒有了這些，你還想出國工作嗎？ • 你有考慮留學嗎？你為什麼想要留學？ • 試著計算你的留學總成本（學費＋生活費＋離職機會成本） • 評估你想找的國外工作比較適合透過留學還是透過 LIST 原則
L	• 根據自己的產業和職業，試著列舉出比較願意接受外國工作者的目標城市清單 • 列出你的目標地區有所有可行的簽證選項 • 試著和 5 個外國人開口說外語 • 每天晚上，試著用外語重新模擬早上的日常對話
I	• 建立自己的一頁式美式英文履歷 • 建立另一版目標地區的專用履歷 • 建立自己的求職信模板 • 完成自己的英文 LinkedIn 個人頁，並連結至少 100 個好友
S	• 列出 10 個自己職業和產業的技能關鍵字，並找到 5 個和技能相關的潛在職務名稱 • 找到自己技能包的弱點，建立強化這幾個技能的練習計畫 • 試著在自己現在的工作裡領導一個專案，並從無到有企劃一個專案 • 試著在工作上溝通表達自己的意見，並試著去找一個跨部門的同事建立合作關係 • 試著建立自己的 STAR 故事集，在動機、衝突、挑戰、領導、決策各準備兩個故事 • 整理自己職業的面試考古題，檢視自己的專業程度 • 找到可以練習模擬面試的戰友或前輩，定期練習
T	• 建立自己的求職儀表板，每週記錄自己的 LinkedIn 數據 • 以收到第一次國際招募人通知為目標，持續優化自己的個人頁和專業 • 從不同的求職管道找到 50 個職缺，建立自己的備選、理想、夢幻職缺清單 • 找到夢幻職缺的潛在推薦人和社群，做好功課之後試著連繫看看 • 建立自己的求職漏斗，記錄每一次求職的時程和反饋 • 記錄每一次面試的熱門考點、流程、和潛在薪資範圍 • 建立每季回顧報告，重新針對領英、專業、語言、地區進行檢討，開始新的一輪實驗

第零次循環	
WHY	• 你想要透過出國工作得到什麼？ • 這些東西只有透過出國工作才能得到嗎？ • 如果沒有了這些，你還想出國工作嗎？ • 你有考慮留學嗎？你為什麼想要留學？ • 試著計算你的留學總成本（學費＋生活費＋離職機會成本） • 評估你想找的國外工作比較適合透過留學還是透過 LIST 原則

	第一次循環
L	▪ 根據自己的產業和職業，試著列舉出比較願意接受外國工作者的目標城市清單 ▪ 列出你的目標地區有所有可行的簽證選項
I	▪ 完成自己的英文 LinkedIn 個人頁，並連結至少 100 個好友
S	▪ 列出 10 個自己職業和產業的技能關鍵字，並找到 5 個和技能相關的潛在職務名稱 ▪ 找到自己技能包的弱點，建立強化這幾個技能的練習計畫
T	▪ 建立自己的求職儀表板，每週記錄自己的 LinkedIn 數據 ▪ 以收到第一次國際招募人通知為目標，持續優化自己的個人頁和專業 ▪ 建立每季回顧報告，重新針對領英、專業、語言、地區進行檢討，開始新的一輪實驗

	第二次循環
L	▪ 試著和 5 個外國人開口說外語 ▪ 每天晚上，試著用外語重新模擬早上的日常對話
I	▪ 建立自己的一頁式美式英文履歷
S	▪ 整理自己職業的面試考古題，檢視自己的專業程度 ▪ 試著建立自己的 STAR 故事集，在動機、衝突、挑戰、領導、決策各準備兩個故事
T	▪ 從不同的求職管道找到 50 個職缺，建立自己的備選、理想、夢幻職缺清單 ▪ 建立自己的求職漏斗，記錄每一次求職的時程和反饋

	第三次循環
L	▪ 試著和 5 個外國人開口說外語 ▪ 每天晚上，試著用外語重新模擬早上的日常對話
I	▪ 建立另一版目標地區的專用履歷 ▪ 建立自己的求職信模板
S	▪ 找到可以練習模擬面試的戰友或前輩，定期練習 ▪ 試著在自己現在的工作裡領導一個專案，並從無到有企劃一個專案 ▪ 試著在工作上溝通表達自己的意見，並試著去找一個跨部門的同事建立合作關係
T	▪ 找到夢幻職缺的潛在推薦人和社群，做好功課之後試著連繫看看 ▪ 記錄每一次面試的熱門考點、流程、和潛在薪資範圍

註釋

第一章　你也想出國工作嗎？

❶109年國人赴海外工作人數統計結果，行政院主計處，https://www.dgbas.gov.tw/ct.asp?xItem=47979&ctNode=5624

❷根據財政部公布的107年綜合所得稅申報資料，全台家戶平均收入前三名爲新竹市、台北市、新竹縣。如果改以所得中位數來看，前三名爲連江縣、新竹市、台北市。資料來源：107年度綜合所得稅申報核定統計專冊，財政部財政資訊中心，https://www.fia.gov.tw/singlehtml/43?cntId=b93b91349217404d9d910ebe4e930fa0

❸竹子天花板是玻璃天花板的一種變體。玻璃天花板原本代表的是女性和少數族群，在美國職場面臨的隱形升遷障礙。而竹子天花板則特指亞裔族群在美國職場中獲得高階職務時所面臨的挑戰，由亞裔作家玄珍於2005年出版的書籍首度提出。參考資料：https://en.wikipedia.org/wiki/Bamboo_ceiling

❹Simon Sinek (2011), "Start with Why: How Great Leaders Inspire Everyone to Take Action", Portfolio。中文版書名：《先問，爲什麼？啓動你的感召領導力》，天下雜誌出版。

❺Bill Burnett, Dave Evans(2016), "Designing Your Life: How to Build a Well-lived, Joyful Life", Knopf。中文版書名：《做自己的生命設計師：史丹佛最夯的生涯規畫課，用「設計思考」重擬問題，打造全新生命藍圖》，大塊文化出版。官方工具包：https://designingyour.life/resources-authorized/。

❻關於OPT的詳細資訊，可以參考美國移民局的官網：https://www.uscis.gov/working-in-the-united-states/students-and-exchange-visitors/optional-practical-training-opt-for-f-1-students。英國PSW的規定則可以參考英國政府關於畢業簽證的新規定：https://www.gov.uk/graduate-visa。

❼根據2021年的研究報告，美國碩士學位平均每年學費在$66,340左右，依據學校所在城市的差異，額外需要的生活費也在數萬美元。Hanson, Melanie (2021), "Average Cost of a Master's Degree" EducationData.org, https://educationdata.org/average-cost-of-a-masters-degree. 歐洲普遍學費較低廉也較多獎學金計畫，但加入生活費普遍仍需準備每年數萬歐元的預算。Robert S. Balan (2021), "Tuition Fees at Universities in Europe in 2022 - Overview and Comparison", StudyPortalsMasters, https://www.mastersportal.com/articles/405/tuition-fees-at-universities-in-europe-in-2022-overview-and-comparison.html

❽STEM是Science, Technology, Engineering, and Mathematics的縮寫。只要攻讀的學位是認證的 STEM program，就能展延原本OPT 12個月的期限。詳情可以參考美國移民局官網：science, technology, engineering, and mathematics。

❾在某些產業的招募過程中，公司方會派人到特定學校進行招生說明並現場面試，只有特定學校的學生才有機會進入面試關。管理顧問業、投資銀行業是其中特別知名的例子。

第二章　LIST原則：出國工作的行前檢核表

❶歐陸英語城是指工作上可以完全使用英文的城市，比較具代表性的有柏林、阿姆斯特丹、斯德哥爾摩。要融入當地城市生活圈仍

然需要當地語言。

❷普遍來說，在地經驗的要求和職業比較相關，與地區的關聯性較低。

❸關於Dropbox的最小可行產品和早期影片，可以參考《精實創業》的作者艾瑞克・萊斯在TechCrunch上的整理文章。Eric Ries (2011), "How DropBox Started As A Minimal Viable Product", TechCrunch, https://techcrunch.com/2011/10/19/dropbox-minimal-viable-product/

❹Eric Ries (2011), "The Lean Startup: How Today's Entrepreneurs Use Continuous Innovation to Create Radically Successful Businesses", Currency。中文版書名：《精實創業：用小實驗玩出大事業》，行人出版。

❺Reid Casnocha, Ben,Hoffman (2013), "The Start-up of You: Adapt to the Future, Invest in Yourself, and Transform Your Career", Random House. 中文版書名：《第一次工作就該懂（新編版）：人生是永遠的測試版，組合被需要的優勢，培養盟友，每次轉換都加分》，天下雜誌出版。

❻創新的兩難是當代創新管理大師克里斯汀生的著作，他解釋了不同產業的龍頭企業，爲什麼會把資源投注在現有產品進行維持性創新，反而被後進者在利基市場用破壞性創新超越。Clayton M. Christensen (1997), "The Innovator's Dilemma: The Revolutionary Book That Will Change the Way You Do Business", HarperBusiness. 中文版書名：《創新的兩難》，商周出版。

❼根據知名科技媒體TechCrunch於2020年的報導，被SalesForce收購的Slack估值約爲250億美金。
Ron Miller & Alex Wilhelm, "Salesforce buys Slack in a

$27.7B megadeal", TechCrunch, 2020.12, https://techcrunch.com/2020/12/01/salesforce-buys-slack/

❽倖存者偏誤是以種邏輯上的謬誤，指的是判斷時只以手邊的數據做為依據，而忽略了數據的來源可能就已經是個預先篩選過的結果，統計結果也因此失眞。

❾比較有經驗的投資人都會建議投資者不要擇時進場（don't time the market），因爲沒有人能夠準確預測每一個標的的短期波動。但根據歷史經驗，長期而言資產的價格都是持續上漲的，那麼身爲一般投資人，最好的策略就是持續留在市場裡參與市場，避免短線重壓單一標的造成的超額損失。這個概念在求職上也是一樣的：比起投入大部分資金留學轉職的策略，讓自己保有資本並持續嘗試國際求職可能是比較容易持續留在國際職場的方法。當然，如果留學對你並不會造成經濟和時間壓力的話，對你而言也許就是個低風險的好投資。

第三章　融入當地（Localize）：讓自己像個本地人

❶在新創公司的生命週期裡，大概都會經過種子輪（seed round）、天使輪（angel round）、A輪（series A）、B輪（series B）等不同募資階段。種子輪就是創業的第一筆本金，通常由創業者本人、家人、朋友等提供。天使輪的資金則由專門的天使投資人、孵化器、加速器等提供。進入A輪之後，依照不同公司的財務規畫，上市前經過幾輪募資並不一定。B輪的公司通常已經歷過創業初期的市場驗證及募資問題，正處於向上擴張期，也常常是創始團隊開始擴大招募的起點。

❷Crunchbase是一個新創公司的情報集散地，只要搜尋公司名稱，就能取得創辦人、募資金額、核心成員、新聞等資訊。網址：

https://www.crunchbase.com/。

❸ 德國「找工作簽」的資訊可以參考德國聯邦政府官網：https://www.make-it-in-germany.com/en/visa-residence/types/jobseekers

❹ 荷蘭「找工作簽」的資訊可以參考荷蘭政府官網：https://ind.nl/en/work/working_in_the_Netherlands/Pages/Looking-for-a-job-after-study-promotion-or-research.aspx

❺ 加拿大建教合作簽的資訊，可以參考加拿大政府官網：https://www.canada.ca/en/immigration-refugees-citizenship/services/study-canada/work/intern.html

❻ 英國打工度假簽的限制，可以參考英國政府官網：https://www.gov.uk/youth-mobility

❼ 聽力重訓這個方法是由「倫倫的小 blog」於 2011 年提出的。https://xination.pixnet.net/blog/post/21999158

第四章　跨出國際（Internationlize）：讓自己被世界看見

❶ Meredith Lepore(2020), "You have 7.4 seconds to make an impression: How recruiters see your resume", Ladder, https://www.theladders.com/career-advice/you-only-get-6-seconds-of-fame-make-it-count

❷ 志望動機是日本求職中的必備文件和必考題，很類似西方世界使用的 cover letter，求職者必須要回答「為什麼想加入這家公司」這個問題。

❸ Anwesha Jalan(2017), "LinkedIn Profile Photo Tips: Introducing Photo Filters and Editing", Linkedin Official Blog, https://blog.linkedin.com/2017/march/14/linkedin-profile-photo-tipsintroducing-photo-filters-and-editing

❹ Jobvite(2016), "Jobvite Recruiter Nation Report 2016", https://www.jobvite.com/jobvite-recruiter-nation-report-2016/

第五章　強化專業（Strengthen）：給雇主一個用你的理由

❶ 《原子習慣》一書中提到養成好習慣的基本方法有四個：讓提示顯而易見、讓習慣有吸引力、讓行動輕而易舉、讓獎勵令人滿足。James Clear(2018), "Atomic Habits: An Easy & Proven Way to Build Good Habits & Break Bad Ones", Avery。中文版書名：《原子習慣：細微改變帶來巨大成就的實證法則》，方智出版。

❷ 根據生產力專家克里斯・貝利的定義，生產力的要素是時間、專注度和精力的組合，傳統生產力方法只進行時間管理，卻忽略個體在專注度上的差異，而專注度實際上才是讓人能有效產出的關鍵。Chris Baily (2017), "The Productivity Project: Accomplishing More by Managing Your Time, Attention, and Energy", Crown。中文版書名：《最有生產力的一年》，天下文化出版。

❸ 社會學家韋伯首次提出魅力型權威的概念，描述某種權威不是來自於職位或傳統的權威，而是來自成員認為領導者擁有異常的品質，而心悅誠服地接受其影響。在領導學中，採用魅力型領導的人通常具有極度的自信、具支配性以及對自己的信念堅信不移這些特質。

❹ Peter F. Drucker(2006), "Innovation and Entrepreneurship", Harper Business。中文版書名：《創新與創業精神：管理大師彼得・杜拉克談創新實務與策略》，臉譜出版。

❺ 臭鼬計畫（Skunk Works）是知名航空公司洛克希德馬丁的祕密計

畫代稱，在這個園區產生了若干知名的創新戰機。一開始純粹只是工廠發出塑膠惡臭的自嘲，後來在管理學中被常被用來描述一種創新模式，在臭鼬計畫的團隊通常有著高度自治的管理模式，避免組織內部的想法創意等被總部的官僚主義而被限制。

❻ 同第二章的註釋三。舊譯《人生是永遠的測試版：新創企業家改寫生涯的方程式》。

❼ 積極主動（proactive）是一個西方職場常會用的詞，按照管理學大師柯維的定義，積極主動是相對於被動反應的做事態度，有這樣特質的人願意爲自己負責，不只是針對環境去「反應」，而是積極地去選擇自己的行爲。Stephen R. Covey(1990), "The 7 Habits of Highly Effective People", Simon & Schuster。中文版書名：《與成功有約：高效能人士的七個習慣》，天下文化出版。

❽ 亞馬遜的面試過程中，每一個關卡都會包含針對公司準則衍生的情境題，相比於其他科技公司的面試關卡，亞馬遜在這些題目的比重特別大。具體的準則可以參考 Amazon 官網的版本：https://www.amazon.jobs/en/principles。

第六章　不斷測試（Test）：從人力市場的回饋，選擇出擊時機

❶ 《師父》書中提到了很多創業過程中的實戰經驗，並不一定符合正規商學院的方法論，但都是作者本人創業過程中的實戰經驗。Bo Burlingham, Norm Brodsky (2009), "The Knack: How Street-Smart Entrepreneurs Learn to Handle Whatever Comes Up", Random House Business。 中文版書名： 《師父：那些我在課堂外學會的本事》，早安財經出版。

第七章　後疫情時代的全球職場

❶Jennifer Petriglieri(2019), "Couples That Work: How To Thrive in Love and at Work", Penguin Life。暫無中文版。

❷Caroline Castrillon(2021), "Why U.S. Talent Shortages Are At A 10-Year High", Forbes, https://www.forbes.com/sites/carolinecastrillon/2021/09/22/why-us-talent-shortages-are-at-a-ten-year-high/?sh=5e5e69cc79c2

❸這兩份報告引用自：Susan Lund, Anu Madgavkar, James Manyika, Sven Smit, Kweilin Ellingrud, and Olivia Robinson(2021), "The future of work after COVID-19", McKinsey Global Institute, https://www.mckinsey.com/featured-insights/future-of-work/the-future-of-work-after-covid-19

Laura LaBerge et al, (2020), "How COVID-19 has pushed companies over the technology tipping point—and transformed business forever", McKinsey Global Institute, https://www.mckinsey.com/featured-insights/future-of-work/the-future-of-work-after-covid-19

Eurasian Publishing Group
圓神出版事業機構
用心閱讀 創造 · 機智 簡單 閱讀

圓神出版社
Eurasian Press

www.booklife.com.tw   reader@mail.eurasian.com.tw

圓神文叢 314

普通人的海外求職指南：
不必留學，也能讓國際工作主動找上你

作　　者／謝宗廷（Aaron Hsieh）

發 行 人／簡志忠

出 版 者／圓神出版社有限公司

地　　址／臺北市南京東路四段50號6樓之1

電　　話／（02）2579-6600 · 2579-8800 · 2570-3939

傳　　真／（02）2579-0338 · 2577-3220 · 2570-3636

總 編 輯／陳秋月

主　　編／賴真真

專案企畫／賴真真

責任編輯／歐玫秀

校　　對／歐玫秀 · 林振宏

美術編輯／簡 瑄

行銷企畫／陳禹伶 · 林雅雯

印務統籌／劉鳳剛 · 高榮祥

監　　印／高榮祥

排　　版／杜易蓉

經 銷 商／叩應股份有限公司

郵撥帳號／18707239

法律顧問／圓神出版事業機構法律顧問　蕭雄淋律師

印　　刷／祥峰印刷廠

2022年5月　初版

使用 LIST 原則並不一定能讓你找到出國工作的捷徑，但是有了
這個地圖，就能確保自己走在正確的道路上，不被枝微末節的雜
訊影響。

——《普通人的海外求職指南：
不必留學，也能讓國際工作主動找上你》

想擁有圓神、方智、先覺、究竟、如何、寂寞的閱讀魔力：

◨ 請至鄰近各大書店洽詢選購。

◨ 圓神書活網，24小時訂購服務
　免費加入會員‧享有優惠折扣：www.booklife.com.tw

◨ 郵政劃撥訂購：
　服務專線：02-25798800　讀者服務部
　郵撥帳號及戶名：18707239　叩應有限公司

國家圖書館出版品預行編目資料

普通人的海外求職指南：不必留學,也能讓國際工作
主動找上你 / 謝宗廷 著. — 初版. — 臺北市：
圓神出版社有限公司，2022.5
240 面；14.8×20.8公分（圓神文叢；314）

ISBN 978-986-133-823-1（平裝）

1.CST：就業　2.CST：職場成功法

542.77　　　　　　　　　　　　　　111003618